오늘은 한 줄,
내일은 한 권

오늘은 한 줄, 내일은 한 권

초판 1쇄 발행 2025년 11월 14일

지은이 영원, 파랑이파리
펴낸이 장길수
펴낸곳 지식과감성#
출판등록 제2012-000081호

교정 이주연
디자인 김희영
편집 김희영
검수 정은솔, 정윤솔
마케팅 김윤길

주소 서울시 금천구 벚꽃로298 대륭포스트타워6차 1212호
전화 070-4651-3730~4
팩스 070-4325-7006
이메일 ksbookup@naver.com
홈페이지 www.knsbookup.com

ISBN 979-11-392-2895-3(03810)
값 16,700원

지식과감성#
홈페이지 바로가기

[책방묘미 아글모임 작품집]

오늘은 한 줄,
내일은 한 권

영원 | 파랑이파리 지음

동네책방

OPEN

지혜감정

목차

描美:묘미

描美:묘미

책방묘미

고즈넉한 흥동에서 고양이벽화 골목을 끼고 있는 작은 책방입니다. 描美는 고양이 묘, 아름다울 미 한자를 쓰고 있어요. 한마디로 고양이를 사랑하는 곳이죠.

책방묘미의 마스코트는 고양이, 특히 길고양이입니다. 우리가 모르게 사뿐히 다가와 앉고, 때로는 무심히 우리를 바라보기도 합니다. 그들의 존재는 마치 우리의 글쓰기처럼, 때로는 예측할 수 없고 때로는 고요한 통찰을 안겨주며 글의 한 조각이 되기도 합니다.

아무거나 글쓰기 작품집 사용 설명

■ 이 책은 어떻게 읽으면 좋은가?

- 이 책은 '순서'보다 '기분'을 따라 읽는 에세이 모음집입니다.

　마음이 당기는 제목부터 펼쳐도 좋고,

　오늘의 고양이 카드(목차 아이콘)로 무작위로 골라도 좋습니다.

- 한 편을 다 읽지 않아도 됩니다.

　단락 하나, 문장 하나를 머금고 잠시 덮어도 충분합니다.

■ 이 책은 어떻게 쓰였는가?

- 2월부터 6월까지, 매주 일요일 오전 10시.

　둘이 마주 앉아 그날의 주제를 즉석에서 정하고 한 편씩 썼습니다.

- 이후 두 달간 퇴고했습니다.

　문장을 덜어내고, 숨을 고르고, 고요로 다듬었습니다.

　쓰기보다 어려웠지만, 그래서 더욱 또렷해졌습니다.

■ 이 책의 호흡을 돕는 몇 가지 방법

- 고양이처럼: 빠르게 훑지 말고, 사뿐히 머물러 주세요.

　시선이 멈춘 문장을 따뜻하게 오래 바라봐 주세요.

- 무심과 다정 사이: 해석보다 느낌을 먼저 허락해 주세요.

   이해되지 않는 문장도 오늘의 당신을 스쳐 간 고양이처럼 존중해 주세요.
- 여백 사용: 여백은 침묵이 아니라 독자의 자리입니다.

   밑줄, 메모, 별표… 당신의 하루를 덧그려 주세요.

- 독자를 위한 작은 실험
- 따라 쓰기: 각 챕터 '주제'로 5분만 아무렇게나 글을 써 보세요.
- 무작위 열기: 아침에 아무 페이지나 펼쳐 첫 문장을 오늘의 신호로 삼아 보세요.
- 산책 메모: 걷다가 떠오른 문장을 휴대폰이나 메모지에 붙잡아 주세요.

   다음 독서 때, 그 문장과 책 속 문장을 이어 보세요.

- 이 책을 만든 이유
- 형식 없이도 삶은 기록될 수 있다는 믿음.
- '쓰고 싶은 만큼, 쓰고 싶은 방식대로'가 모이면, 그 자체로 하나의 풍경이 된다는 확신.
- 우리 곁을 맴도는 길고양이 같은 생각들을 놓치지 않기 위해.

- 감사의 말
- 일요일 아침마다 의자를 당겨 준 동네의 시간, 그리고 우리 곁을 지키던 고양이들에게.

- 서로의 초고를 끝까지 들어준 우리의 인내와 다정함에.

■ 주의사항 아닌, 초대장
- 이 책은 완성보다 과정을 사랑합니다.

  독서 중에 당신의 일요일이 한 번이라도 떠오른다면,

  이미 이 책은 제 역할을 다했습니다.
- 당신의 아무거나를 기다립니다.

  언젠가 이 책의 다음 페이지는 독자이자 동료인 당신의 문장으로 채

  워질지 모릅니다.

[고양이그림 최혜연]

❖ 가족 ❖

우리 가족

"우리는 가족이야."

말을 많이 했다. 갑자기 가족은 무슨 뜻인지 궁금했다. 인터넷으로
검색해 보니 서로 사랑하고 아끼며, 어려움을 함께 이겨내는 사람들
로 이루어진 집단이라고 한다. 우리 가족은 그럴까? 궁금하다.

결혼해서 나만의 가족인 남편과 자녀 둘이 생겼다. 그때도 가족 걱
정을 많이 했었다. '남편은 술을 좋아해서 건강을 해칠까? 집에 잘 찾
아올까? 애들은 학교 가면 집에 잘 올까? 나쁜 친구들과 사귀어서 손
해만 보지 않을까? 공부를 못하면 어쩌지?' 등 뭐든 잘하길 바랐다. 왜
그렇게 걱정을 많이 했던 것일까? 그때는 매 순간 걱정하면서 불안에
떨었다. 연락이 안 되면 계속 전화를 했다. 받을 때까지….

되돌아보면 미성숙한 내가 가족을 옭아매려 한 것 같다. 많이 의지

했는데 내 눈에 보이지 않고 연락이 되지 않으면 매우 불안해했다. 큰 애 사춘기일 때는 더 힘들었다. 매 순간 잘못될 것 같은 부정적인 생각이 머리에서 떠나질 않았다. 지금 생각하면 애들이 점점 자라서 친구랑 노는 것이 당연한 것을….

34년이 훌쩍 지난 지금은 옛날얘기 하면서 웃을 수도 있다. 그래도 지금 알고 있는 것을 그때도 알았더라면 좋았겠다. '가족을 좀 더 믿고 기다려 줄걸.' 하는 생각도 해본다.

결혼 이야길 하니 생각나는 게 있다. 혼인하고도 나는 친정 엄마를 따라다녔다. 많은 시간을 함께 보냈던 건 당연히 친정 엄마다. 결혼 후 나는 맞벌이하면서 친정에 애들을 맡겼었다. 하루 24시간이 부족했을 정도로 엄마의 삶은 매번 바빴다. "죽고 나면 썩어질 몸뚱어리. 뭐를 그리 아끼노?" 게으른 나한테 엄마는 자주 잔소리했다. 엄마의 역할뿐만 아니라 며느리, 아내의 역할을 잘하신 것 같다. 엄마도 여자였는데…. 안타깝다. 몇 년 전 위암 전이로 세상을 떠난 엄마가 그립다.

친정아버지는 노화로 지금 중환자실에 계신다. 매일 병문안을 정오, 오후 5시에 15분씩만 가능하다. 누구나 병원에 입원하면 행동을 마음대로 하질 못한다. 3일 전에는 아버지가 막무가내로 집에 가겠다며 침대에서 일어나려고 해서 다칠 뻔한 모양이었다. 병문안하러 가면 아버지는 혼자서 얘기를 하신다. 우리가 듣든지 말든지. 아버지도 매우 아프지 말고 편안했으면 좋겠다.

삶은 흐른다. 주어진 환경에서 가족을 믿고 기다려 주어야겠다. 나는 그걸 못했다. 그러니 마음을 돌아보고 안정을 찾는 게 먼저다. 매시간 행복을 찾아서 조그마한 일이라도 해내자. 그러면 성취감도 쌓일 것이다. 가족도 제자리를 찾을 것 같다.

어려운 시절을 잘 버티고 이제 성인이 된 아이들. 하고 싶은 일 해나가길 바란다. 남편도 건강한 노후 생활을 즐기길 바란다.

"우린 가족이니까."

세상에 올 때 부모를 고를 수 없다. 내 아이들도 날 고르지 않았다. 그러니 남편 말곤 다 자연적인 결과다. 애초부터 우린 보고 싶다고 만난 게 아니니까. 잘해주자.

25년 2월 23일

영어… 내 인생의 적?

자라면서 아프지 않은 사람은 없다.
성장통이라는 말처럼, 누구나 제 몫의 통증을 견디며 자란다. 뼈가

길어지고 마음이 넓어지는 그 과정에서 울고, 다치고, 다시 일어난다. 나도 예외는 아니었다. 다만 내 성장통은 뼈가 아니라 단어와 문법에 맞은 것이었다. 나는 영어에 두드려 맞으며 자랐다.

영어에 대한 기억은 지금도 내 기억 창고 구석에 먼지가 쌓인 채 누워 있다. 그 기억 중 가장 강렬한 한 장면이 있다. 엄마가 문제집을 던졌던 사건이다. 왜 던졌는지 정확히는 기억이 나지 않는다. 내가 문제를 틀려서였는지, 숙제를 미뤄서였는지, 아니면 그냥 내 표정이 마음에 안 들어서였는지. 이유는 희미하지만 장면만큼은 선명하다. 두툼한 문제집이 공중을 돌며 휙 하고 날아가는 모습. 지금도 그 순간은 마치 슬로모션처럼 눈앞에 재생된다. 영어 단어는 머릿속에 남지 않았지만, 문제집의 포물선 궤적은 몸으로 각인되었다.

그 시절, 나는 흥동이라는 마을의 청호빌라에 살고 있었다. 그 집 구조는 아직도 기막히게 기억난다. 현관문을 열면 오른쪽으로는 작은 거실이 있었고, 왼쪽에는 늘 기름 냄새가 배어 있던 주방이 있었다. 중문을 지나자마자 오른편에 내 방이 있었고, 그 대각선 위로는 누나 방과 부모님 방이 자리 잡고 있었다. 벽지는 군데군데 색이 바래 있었고, 계절마다 곰팡이가 번져 나왔다. 밤이면 바람이 창문을 두드렸고, 이상한 기척이 느껴져 귀신을 본 적도 있었고, 가위에 눌려 식은땀을 흘린 적도 있었다. 하지만 그 집에서 가장 무서웠던 순간을 꼽으라면, 단연 누나의 영어 수업 시간이었다.

누나는 학교에서 영어를 곧잘 했다. 덕분에 엄마는 나의 영어 교육을 누나에게 맡겼다. 하지만 그건 누나에게도, 나에게도 고통이었다. 누나는 하기 싫다는 표정으로 나를 앉혀 놓았고, 나는 배우기 싫다는 마음으로 억지로 앉아 있었다. 누나의 눈빛은 언제나 피곤에 젖어 있었고, 미간은 늘 좁혀져 있었다. 나를 바라보는 그 표정엔 '왜 나는 이 시간을 보내야 하지'라는 불만이 가득했다.

나는 누나의 목소리를 들을 때마다 마치 꾸중을 듣는 기분이었다.
"이렇게 하면 안 돼. 왜 또 틀려?"
그 말이 들리는 순간, 내 어깨는 저절로 움츠러들었다. 책상 앞에 앉아 있는데도, 마치 교무실에 끌려간 학생 같은 기분이었다. 누나의 목소리는 단순히 음성이 아니라 일종의 무게였다. 그 무게가 내 가슴 위에 얹혀 있을 때마다 단어 하나 외우는 것도 전쟁 같았다.

영어가 어려운 게 아니었다. 그 공기가 버거웠던 것이다. 책상 위의 교재, 연필, 노트는 평범했는데, 그 공기만은 살벌했다. 누나도 억지로 하고 있다는 게 느껴졌고, 나도 억지로 버티고 있었다. 둘 다 원하지 않는 수업을 억지로 견디는 형국이었다.

돌이켜 보면 그 시절의 영어 수업은 제대로 된 배움의 시간이 아니었다. 단어와 문법을 외우는 게 아니라, 서로의 인내심을 시험하는 시간이었고, 동시에 집 안의 긴장감을 증폭시키는 장치였다. 누나는 자신이 빼앗긴 시간을 견디지 못했고, 나는 그 불만과 피로를 받아내는 역할을 맡았다. 결국 내 머리에 남은 것은 단어가 아니라, 누나의 날선 표정과 억눌린 감정이었다.

게다가 누나는 집에 잘 붙어 있지도 않았다. 늘 밖을 전전했고, 집에 있어도 방문을 닫고 있었다. 우리가 대화를 나누는 순간은 거의 없었다. 필요하면 눈빛으로 신호를 주고받았다. '말 시키지 마'라는 눈빛, '나도 원하지 않아'라는 눈빛. 그 정도가 우리가 나누던 대화였다. 그런 누나에게 내 영어 과외를 맡긴 건, 지금 생각해도 참 이해하기 힘든 엄마의 결정이었다. 선생님 선정부터 이미 망한 프로젝트였다.

수업이 시작되면 분위기는 금세 살벌해졌다. 누나는 교재를 넘기면서도 얼굴에 '하기 싫다'는 글씨를 크게 써놓은 듯한 표정을 지었다. 눈빛은 늘 피곤했고, 미간은 찌푸려져 있었다. 그 눈빛은 늘 이렇게 묻는 것 같았다.
"내가 왜 인생에서 이런 고문을 받아야 하지?"

나도 편하지 않았다. 나는 마치 지옥 입구에서 차례를 기다리는 죄수처럼 앉아 있었다. 누나가 단어를 물으면, 나는 입술만 달싹거리다 멈췄다. 대답 대신 공기만 뱉어내는 벙어리 냥이 같았다. 그러면 누나의 목소리는 점점 커졌다.
"왜 이렇게 못해?"

"이렇게 하면 안 된다니까!"
잔소리는 점점 분노로 바뀌었고, 나는 속으로 다짐했다.
'다시는 영어랑 눈도 마주치지 않겠다.'

결과는 뻔했다. 내 영어 실력은 기적처럼 더 떨어졌다. 사실 떨어질 만큼의 실력도 별로 없었는데도, 이상하게 더 내려간 것 같은 기분이었다.

엄마는 믿었다.
"교육을 받으면 잘할 거야."
나는 그 반대를 증명했다.
"교육을 받으면 더 망할 거야."
내 삶은 일종의 실험이었고, 결과는 너무 뚜렷했다.

아빠는? 늘 그렇듯 방임의 대명사였다. 마치 집 안에 세워진 가구처럼 묵묵히 있었을 뿐이다. 엄마의 밀착 교육과 아빠의 방임 사이에서, 나는 흔들리는 풀잎처럼 살았다. 민들레 씨앗 하나가 바람에 휘청거리듯, 하루하루 그저 휘둘리며 버텼다.

그렇게 열심히 혼나고, 던져지고, 째려보이는 시간 동안 나는 단어 하나도 제대로 외우지 못했다. 대신 마음속에는 단단한 문장이 하나 새겨졌다.

"나는 영어와 상극이다."

그 시절, 내가 영어보다 더 뚜렷하게 배운 건 바로 그 교훈이었다.

지금 와서 생각하면, 그때의 엄마 마음은 충분히 이해가 된다.
나 잘되라고 한 거였겠지. 아이가 영어라도 잘하면 살아가는 데 조금은 덜 힘들 거라 믿으셨을 거다. 그게 사랑이었고, 부모로서 최선을 다하려는 몸부림이었다. 그런데 결과물이 이 모양 이 꼴이니, 결국 서로가 안타까운 거다. 엄마는 엄마대로 '왜 이렇게 안 따라와 주나' 하고 속상했고, 나는 나대로 '왜 이렇게 힘들게만 하나' 하고 지쳐버렸다.

그렇게 결국, 나는 영어를 못하는 채로 커버렸다. 알파벳 순서는 기계처럼 외울 수 있었는데, 단어 하나만 나오면 얼어붙었다. 단순히 못한다는 수준을 넘어서, 영어 스펠링 앞에만 서면 내 손발이 굳는 사람이 된 거다. 세상은 늘 불공평했는데, 그 불공평을 가장 크게 느낀 게 시험지 위의 영어 문제였다.

하지만 시간이 지나고 보니, 그 시절의 고통도 결국은 추억거리가 된다. 술자리에서 이런 이야기를 꺼내면 다들 웃는다.
"아, 우리 집은 문제집 던지는 맛집이었어."
듣는 사람은 배꼽 잡고 웃지만, 정작 그 당사자인 나는 그때마다 머릿속으로 책이 날아오던 장면이 슬로모션처럼 재생된다. 그 순간에는 정말 죽을 것처럼 힘들었는데, 지금은 웃으면서 이야기할 수 있으니, 그것도 나름 성장의 증거 아닐까 싶다.

청호빌라에서 살던 그 시절이 떠오른다. 낡은 벽지와 좁은 방, 한쪽 구석에 항상 쌓여 있던 문제집들. 그 안에서 영어는 내게 늘 좌절감을 줬다. 누나는 나를 일찌감치 포기했고, 엄마는 화를 참지 못하고 문제 집을 날렸고, 아빠는 대체로 방관자였다. 그리고 나는… 결국 시험지를 덜컥 찢어버리는 스타일로 자라났다. 다 포기하고 싶을 땐 찢는 게 가장 쉬웠으니까.

돌아보면, 그 모든 시간이 지금의 나를 만든 셈이다. 그 시절의 좌절과 반항, 그리고 그 안타까움 속에서도 흘러가던 일상들이 지금은 내 이야기가 되었다. 후회도 많고, 씁쓸함도 남지만, 결국은 이렇게 회상하며 글로 남길 수 있으니, 그 또한 내 삶의 한 조각으로 제자리를 찾은 셈이다.

✿ 경주 ✿

경주의 달콤한 추억 사진

경주는 34년 전 신혼여행으로 갔던 곳이다. 우리는 일 년에 한 번 결혼기념일, 경주 호텔에 가자고 약속했었다. 11월이 되면 애들과 함께 스케줄 조정해서 경주로 놀러 갔다. 지금은 약속이 흐지부지되었지만.

나는 21살, 꽃다운 나이에 소나무 같은 남편을 만나서 결혼했다. 결혼식 할 때, 이쁘고 비싼 웨딩드레스를 입고 싶었다. 남편은 5분만 입으면 될 드레스가 너무 비싸다는 것이다. 다른 건 몰라도 드레스 비용으로 티격태격 많이 싸웠다. 삐쳐있던 나를 구슬려 남편은 어깨가 봉긋한 하얀 드레스를 입게 해 주었다. 결혼식 후 우리는 가까운 경주로 가기로 했다.

가기 전에 결혼식 후 친구들과 피로연을 했다. 첫날밤은 해운대 호텔에서, 다음 날에 기차를 타고 경주로 갔다. 기억에 남는 건 예복으로 빨간 상의에 검은색 치마를 입었다. 머리는 뽀글뽀글 파마를 했다. 그때 당시에 신부들은 올림머리를 하려면 파마를 꼭 해야 했다. 난 뽀글뽀글한 것이 익숙하지가 않았다. 머리숱이 너무 많아서 사자머리 같았으니.

예복을 입은 우리는 기차를 타고 경주역에서 내렸다. 자가용이 없으니 택시를 타고 이동했다. 눈치 빠른 택시기사가 신혼여행인 줄 알고 첨성대, 불국사로 태워 다니면서 해설도 해 주었다. 머리가 희끗희끗하시던 택시기사님이 덕담을 해 주신 기억이 있다.

어릴 적 애들은 경주 호텔을 무척 좋아했었다. 화장실 욕조에 따뜻한 물을 마음껏 틀어놓고 목욕도 할 수 있었던 곳이라. 특히 경주 물은 미끈미끈해서 피부가 빛이 났다. 딸은 경주 호텔에서 목욕했던 일을 일기장에 적은 모양이었다. 선생님이 경주는 지진이 났던 곳이라 온천이 유명해서 물이 좋다고 했단다. 그래서 그 기억 탓인지 딸은 욕조에 몸을 담그고 있는 것을 좋아한다.

그때 유행이었던 롤러스케이트도 구매해서 가지고 갔었다. 그해에 경주 엑스포를 했었다. 호텔에서 하룻밤 자고 애들과 함께 엑스포 했던 곳으로 갔다. 행사가 끝난 넓은 곳, 스케이트 타기에 딱 좋았다. 딸과 아들은 싱싱 롤러스케이트를 탔다. 웃으면서 롤러스케이트를 타고 다녔던 애들!

주변에서 자전거도 대여를 해줬었다. 딸은 혼자서도 잘 탔다. 스케이트도, 자전거도 못 타는 난 언제나 보고 있었다. 2인용 자전거를 대여해 남편 뒤에 타는 것도 무서웠다. 찬 바람을 가르며 재밌게 자전거를 타던 아이들의 모습, 그때의 기억이 소중하다.

결혼기념일이 11월 말이라 무척 추웠다. 결혼식 때도 웨딩드레스 입고 덜덜 떨었는데 경주에서도 연신 춥다고 호들갑을 떨었다. 달달하고 따뜻한 커피믹스 생각이 절로 났다. 남편은 이리저리 다니면서 자판기 커피를 빼서 건넸다. 따뜻한 커피를 마셨던 기억이 생생하다.

요즘은 경주로 파견근무 간 딸을 보러 자주 간다. 나지막한 한옥 슬래브가 즐비해 있는 그곳. 아무렇게나 사진을 찍어도 이쁘게 담긴다. 주택 사이로 난 조그만 길을 천천히 걸을 수 있는 곳, 중간중간 상가가 있어서 간단한 요깃거리를 사 먹을 수도 있다.

특히 십 원 빵, 쫀드기…. 그림 그려주는 곳, 소품 가게도 구경하기에 딱 좋은 곳이다. 중간중간 귀여움으로 세상을 구하는 길고양이를 보는 건 덤이다.

갈 때마다 새로운 건물, 새로운 카페가 없어지고 생기고 있다. 그만큼 또 시간이 흐르지만, 경주의 달콤한 추억 사진을 들춰보는 재미가 쏠쏠하다.

비는 한복을 적셨지만, 다는 아니었다

가족여행을 떠올릴 때, 내 머릿속에 종종 떠오르는 풍경이 하나 있다. 바로 비 오는 날의 경주 한옥마을이다.

그날은 아침부터 날씨가 요란했다. 여행 갈 땐 날씨 운이 따라줘야 하는데, 우리는 일기예보 확인도 안 한 채, 아니 확인했더라고 갔겠지. 경주에 도착하자마자 하늘은 우리를 반기듯 주룩주룩 비를 뿌려 댔다. 흐르는 차창 밖으로 보이는 고요한 경주 거리는 우산의 행렬로 가득했다.

엄마와 누나, 그리고 나는 우산 하나씩 들고 걷다가 멈췄다. 눈앞에 펼쳐진 건 드라마 속에서나 봤던 그림 같은 한옥마을. 이때, 누군가가 한옥을 보더니 "한복 입어 볼까?" 하는 생각을 꺼냈다. 아마 엄마였던 것 같다. "이왕 왔으니 입자."라는 다소 무모한 생각이 앞섰다.

곧장 근처의 한복 대여점에 들어섰다. 주인아주머니는 비가 억수로 내리는 바깥을 한번 보고 우리를 한번 보더니, 별말 없이 옷장 문을 열었다. 그 표정은 마치 '이 사람들 진심인가?'라는 얼굴이었다. 우리는 마치 왕실 의복을 고르듯 신중하게 옷을 골랐다.

옷을 갈아입고 밖으로 나서자, 비는 더 거세게 퍼부었다. 한복의 끝자락은 빗물에 젖어 점점 무거워졌고, 우산은 바람을 견디느라 뒤집힐 뻔했다. 평소 같으면 관광객들로 붐빌 거리였겠지만, 다들 비를 피해 실내에 들어가 있어 거리는 휑하니 비어 있었다.

비 오는 경주를 한복 입고 걸으니, 어쩐지 궁궐에서 추방당한 왕족 가족 같은 기분이었다. 한복은 비와 친구 먹고 몸에 축 처졌고, 신발엔 빗물이 차올랐다. 셋이서 거리를 걷는 모습은 우스꽝스럽고 기묘했지만, 이상하게 우리만의 영화 속 장면 같기도 했다.

나는 빗물에 젖은 바지 자락을 보며 '대체 왜 이러고 있나' 생각했지만, 또 그런 와중에 엄마와 누나의 얼굴을 보니, 다들 행복한 웃음을 짓고 있었다. 사진기를 들고 사진을 열심히 찍었었지.

날씨가 좋았다면 기억에 흐릿하게 지나갔을지도 모를 평범한 날이었겠지만, 비 덕분에 그날은 잊을 수 없는 추억이 되었다.

한옥 담장을 따라 빗소리를 들으며 걷던 그 우스꽝스러운 풍경이 아직도 가끔 떠오른다.

그래서 가끔 한복을 보면, 나는 젖은 한복을 펄럭이며 거리를 걷던 가족의 모습이 가장 먼저 떠오른다. 어쩌면 여행이란 건 이런 엉뚱한 순간들이 진짜 묘미일지도 모른다. 우리 가족이 함께 걸었던 비 내리던 경주 거리, 조금은 이상하고 조금은 황당했던 그날의 모습을 떠올리면서 말이다.

베트남 망고 젤리

남동생의 관심을 머금은 베트남 망고 젤리

며칠 전 남동생 가족네가 베트남 여행 다녀오면서 베트남 망고 젤리 5봉지를 사 왔다. 아버지 집 식탁 위에 형제들에게 나눠줄 것을 포함한 것으로 보인다. 형제들은 아버지 집 가까운 곳에서 오순도순 살고 있다.

평소에 먹을 수 없는 망고 젤리를 선물받았다. 달달한 맛과 신맛이 절묘한 젤리는 입안에서 살살 녹았다. 남동생이 우리를 생각해서 선물도 사 오다니 고마웠다.

때마침 남동생이 선물을 가져다 둔 그날, 울산에 있는 언니가 아버지를 보러 왔다. 우리는 밖에서 수다를 떨고 있었다. 막냇동생의 전화벨이 울렸다. 아버지 집 식탁 위에 선물을 뒀다고 챙겨 가라는 말을 전했다. 우리는 집으로 돌아가기 전에 선물을 하나씩 들고 돌아왔다. 그때는 아버지가 주무시고 계셨다. 가까이 살고 있던 막냇동생의 것은 그 자리에 둔 채로.

"그것은 뭐고?"

막냇동생은 오빠의 여행 선물을 가지고 가려고 했는데, 갑자기 아버지가 가자미눈을 하고 물어봤다고 한다.

"오빠가 가지고 가라고 했어요."

하고 집으로 가지고 왔는데 막냇동생의 전화벨이 울렸다.

"니가 다 가져갔나? 그 젤리 먹고 나니 기운이 나고 다리에 힘이 들어가던데…. 식탁 위에 많았는데…. 하나만 있다."

하고 아버지는 노발대발이셨단다.

며칠 전 가족과 함께 여행 다녀온 남동생은,

"아버지 드셔 보세요."

하고 입에 넣어 줬다고 한다. '처음 먹어 본 젤리였을까?' 식탁 위에 올려져 있던 젤리 봉지를 보고 매우 뿌듯해하셨을 것 같다. 그런 후 잠에서 깬 뒤 식탁 위를 보니 하나만 있었으니.

그 후 동생은 아빠에게 젤리를 끊임없이 사 드리고 있다. 다행히 인터넷에서 주문할 수 있었다. 나는 가끔 아버지 집에 들르고 있다. 젤리가 식탁 위에, 텔레비전 앞에서 머무는 모습을 본다.

부모의 처지에서 보면, 자식의 사랑과 관심이 느껴지면 그 물건에 대한 애착이 생길 수 있다. 아버지는 젤리를 보면서 그날 남동생의 관심을 계속 생각할 가능성이 있다.

아마도 아버지를 생각해서 사 왔고 직접 입에 넣어 줬다는 것만으로도 아버지는 매우 좋았을 수 있다.

'베트남 망고 젤리는 아버지를 향한 사랑과 관심이 아니었을까?'

25년 5월 11일
망고가 탱글 입에 들어선다

입에 들어오기 전부터 이미 알았다.
이건 보통의 무른 감촉이 아니었다.
달콤하고, 어딘가 떠나보내기 아쉬운, 그런 감각. 손끝에 전해지는 미묘한 탄력.
조금만 더 세게 쥐면 툭 하고 어디론가 도망칠 것 같은 존재감.

그래, 내 인생이 딱 그랬다.

처음, 세상에 던져졌을 때 나는 정말 아무것도 모르는 탱글한 덩어리였다.

기억은 없지만 병원에서 "건강합니다!"라는 말을 들었겠지. 출생의 순간, 내 인생 첫 쫄깃함을 세상에 드러냈다.

아주 짧은 탄생의 시간. 그리고 시작된 긴 인생이라는 냉장 보관 기간.

그 후 인생은 생각보다 훨씬 더 이상했다.

어린이집에서 인생 첫 무대, 학예회.

고사리 같은 손으로 무언가를 했던 것 같다.

뿌앵 하고 울어버렸는지, 부끄러워하면서 어정쩡하게 했는지는 모르겠다.

아무튼 그날부터 내 안의 탱탱한 자의식이 살짝 부풀었다.

초등학교 시절은 평탄했다.

그러다 느닷없이 찾아온 전학.

친구들 사이에서 유령이 된 기분이었다.

낯선 무리에 툭 튀어나온 노란 덩어리.

누군가 다가오면 반가우면서도 툭 하고 다시 도망쳤다.

손끝에서 미끄러지는 젤리 같던 시절이었다.

중학교 시절은… 말하지 않아도 안다.

그야말로 인생 최대의 질척거림.

시험지 옆에서 몰래 시선을 옮기던 날.

나는 답안지를 내주고, 친구는 베꼈다.

우린 한 팀이었다.

결국 바로 들켰다.

아이의 잔꾀는 어른 눈에 걸릴 수밖에 없었다.

그때 선생님의 한마디.

"너는 왜 그랬니?"

그 말이 마치 상한 망고의 싹을 잘라내듯 나를 찍었다.

속으로 생각했다.

'이렇게 상한 사람이 되고 싶진 않다.'

그렇게 썩은 부분을 도려낸 나는 고등학교에 들어섰다.

인생 첫 쫀쫀한 달콤함을 찾았다.

글을 쓰기 시작했다.

받아쓰기도 틀리고, 원고지 칸도 못 맞추던 내가 문장을 배웠다.

조금씩 형태를 갖춰 가는 문장들 속에서,

나는 스스로를 발견했다.

내가 누를 때마다 조금씩 형태가 바뀌는,

이상하고도 신기한 덩어리를 만진 기분.

그건 바로 나만의 세계였다.

내가 그리는 세계 = 내가 씹고 즐길 수 있는 인생 젤리.

그 느낌이었다.

가공되고 여러 사람들의 손길을 거치고 포장지에 들어가 있던 나.

그리고 대학.

드디어 나는 포장지에서 완전히 벗어났다.

집을 떠나 홀로서기.

누구도 감시하지 않았고,

주머니에 넣어두려 하지도 않았다.

내가 하고 싶은 것을 내 맘대로 선택했다.

예를 들면, 냉장고 문을 열고,

한밤중에 맥주를 꺼내 마시는 사치.

맥주는 쓰지만 그 자유는 부드러우면서도 적당히 튕기는 묘한 감촉.

한 입 삼키고 속으로 중얼거렸다.

"아, 이게 진짜 성인이구나."

그리고 지금.

내 손끝에서 마지막으로 탱글탱글한 탄력 있는 망고 젤리 하나를 입에 넣는다.

그리고 씹는다.

툭.

터지는 순간, 과거의 내가 스치고,

현재의 내가 살짝 웃는다.

달콤하고, 쫄깃하고, 짧은 순간.

그래도 나쁘지 않았다.

내 인생도, 그 젤리도.

나의 과거와 미래가,

입안에서 짧게 한 번 더 툭, 하고 달콤하게 반짝였다.

🐾 소망 🐾

새해에는 이랬으면

"뭐니 뭐니 해도 올해도 건강하게 살았으면 좋겠다. 우리 가족들도 다 건강하고."

건강해야 아침에 일어나서 점심을 맞이하고 저녁을 마무리할 수 있다. 매일 내가 하루를 여닫을 수 있는 건강이 계속 내 옆에서 머물기 바란다. 가족 중 아픈 이가 있다면 매일 매 순간 마음이 쓰일 것이니. 내가 건강해야 할 것이다.

매일 할 수 있는 것을 정리해서 기록하자. 일기 쓰기, 필사하기, 음식 노트 쓰기, 독서 노트 쓰기를 꾸준히 하자. 시간이 지나면 습관이 될 것이다. 좋은 습관을 몸에 익히자. 바빠서 그날 기록을 못 했더라도 다음 날이라도 꼭 챙겨서 하자.

혼자서 할 수 있는 것을 해보자. 혼자 훌쩍 떠나면서 마음속 잡다한 생각을 정리해 보자. 어디든 좋을 것 같다. 나 혼자 하고 싶은 대로, 가고 싶은 곳으로, 살짝 외로워도 그것을 즐길 수 있으면 좋겠다. 카페도 혼자 가서 책 읽고 커피 마시면서 시간을 보낸다. 남에게 기대지 않고 혼자 시간을 보내는 건 매우 좋은 습관이다.

영화도 자주 보자. 흥행 영화도 좋지만, 독립 영화도 매우 좋다. 특히 시민영화제에 참가하는 건 매우 좋은 일인 것 같다. 영화 속 다른 인물을 보면서 간접경험을 할 수 있다. 등장인물이 사는 시대와 풍경을 엿볼 수 있는 효과가 있다. 잠시 다른 세상을 스크린으로 다녀올 수 있는 장점이 있다.

책을 많이 읽자. 다양한 책을 편식하지 말고 눈으로 마음으로 맛보자. 책방을 하면서 더욱 많은 책을 보고 있다. 하루 시간이 부족할 정도로 할 일이 많다. 자투리 시간을 꼭 내서 하루 조금씩이라도 책을 읽도록 하자.

라인댄스도 열심히 하자. 며칠 교육시간이 겹쳐서 참여하지 못했다. 슬프지만 내가 시간을 정할 수 없는 교육이라면 댄스를 쉴 수밖에 없다. 그렇지 않다면 기쁘고 즐거운 라인댄스 시간에 꼭 참여하자. 건강은 덤으로 따라온다.

글쓰기 시간을 꾸준히 가지자. 꾸준히 매주 한 편씩 작품을 만들어

보자. 1년에 한 권씩 책을 내자. 준비가 안 되었더라도 노력하면 될 것이다. 2025년에는 꼭 책을 출판하는 것이 이루어지면 좋겠다.

캘리그라피 연습을 꾸준히 하자. 다행히 함께 연습하는 분이 계신다. 매주 1회 모여서 꾸준히 연습 중이다. 연말에는 연습한 작품으로 달력도 만들 예정이다. 하나씩 엽서도 만들어 보면 어떨까? 책갈피도 괜찮을 것 같다. 시간이 쌓일수록 뭔가 만들 수 있을 것이다.

2025년에는 꼭 혼자가 아니라도 여행을 많이 다녀야겠다. 여행은 살던 곳을 벗어나서 다시 돌아오는 것이다. 나를 다시 객관적으로 볼 수 있어서 좋다는 한수희 작가님의 《온전히 나답게》에서 본 내용이다. 나를 객관적으로 바라볼 수 있는 여행을 일부러 시간을 만들어서 다녀야겠다.

25년 2월 9일
전 새를 들지 않는 사람이랍니다

사람 일은 모른다고들 한다.

누구도 권하지 않았고, 오히려 대부분이 말렸다. 이익과는 거리가 먼 일, 그랬기에 내 첫 사업은 무모해 보였을지도 모른다. 응원해 준 이는 나 하나뿐이었다. 잘될 거야. 결국엔 잘 풀릴 거야. 그렇게 믿고 시작했지만, 타인의 말들이 저주처럼 족쇄처럼 느껴지기도 했다. 물론, 내 사업 수완이 좋지 않았던 탓이 크겠지만.

그래도 나는 안다. 한 유명한 요리사가 이런 말을 했다.
"사업 시작 전에 부정적인 말은 누구든 해선 안 된다. 어차피 힘든 길을 가는 사람에겐 응원이 필요하다."
그 사람 역시 카페를 열었다가 망한 적이 있는 인물이었지만, 그 말은 유독 마음에 남았다.

곧 첫 사업 장소의 계약 기간이 끝난다.
홀가분함과 새로운 시작이 교차하는 시기. 나는 책을 끌어안고 생각에 잠겼다.
가게 안 가득 퍼진 책과 잉크 냄새는 오래된 기억들을 자극했다.
사이사이 퍼지는 커피 향은 따뜻함을 보태줬다. 그 향기는 마치 처음 커피를 마셨던 날의 설렘을 떠올리게 했다.

비록 남의 공간을 빌린 것이었지만, 이곳은 내가 애써 가꾼 나만의 작은 세계였다.
빚을 내고, 가랑이가 다 찢어지도록 고생했지만, 그 모든 과정 속에서 느낀 감정들은 결코 헛되지 않았다.
시간이 해결해 준 걸까. 아픔은 조금씩 옅어졌고, 다시금 상상을 펼쳐 새로운 보금자리를 꿈꾸게 되었다. 마치 철새가 계절에 맞춰 이동

하듯이 말이다.

책을 많이 읽어 왔기에 책방을 열고 싶었던 건 아니다.
책의 소중함을 알기에 열고 싶은 것도 아니다.
오히려 부족한 지식을 동경해서, 나만의 공간이 필요해서였다.

이번 가게는 더욱 작은 공간이다.
책장 네 칸이면 가득 찰, 아담한 책방.
하지만 이곳은 내 공간이다.
전세 계약에 목매는 공간이 아니라는 점이 가장 좋았다. 매달 나가
는 고정 지출이 없다는 사실만으로도 숨통이 트였다.

나는 크게 숨을 들이쉬었다.
"흐읍… 하아."
그 숨결은 마치 이 공간의 정수를 흡수하는 듯했다.
지식의 향기가 폐 깊숙이 스며들었다가 조용히 빠져나갔다.

창문을 열자 새로운 공기가 밀려들었다.
낙엽 냄새가 스쳤고, 이내 맑은 바람 냄새로 바뀌었다.
그 냄새는 곧 책 속에 스며들 듯 방 안 가득 퍼졌다.

의자를 끌고 와 창가에 앉았다.

아무도 없는 공간. 아무도 없는 거리.

그 고요함은 세상과 단절된 듯한 느낌을 주었다.

바람에 흔들리는 나뭇잎들이 서로 부딪히며 자연의 속삭임을 들려주고 있었다.

가게라기보단, 어쩌면 그냥 작업실.

책장 위에는 내가 소중히 여기는 책들이 가지런히 놓여 있었고, 그중 몇 권은 페이지가 닳도록 읽은 것들이었다.

책을 펼치면, 그 안에서 내 생각과 꿈이 다시 살아나는 듯했다.

페이지마다 적힌 메모들은 그 시절 내가 느꼈던 감정과 사유의 흔적이었다.

커피잔 옆에 놓인 작은 다육이 화분은 햇빛을 받아 반짝이고 있었다.

그 존재는 나에게 작은 위안이었다.

그 잎사귀들이 마치 내 기분을 알아주는 듯, 햇살 속에서 생기를 더해 주고 있었다.

이곳은 단순한 책방이 아니라, 나의 꿈과 열망이 담긴 공간이었다.

나는 다시 한번 깊은 숨을 내쉬었다.

"이건 여기에… 이 책은 유명하니까 앞쪽에."

작업실이라 불렀지만, 책방의 구색은 갖춰야 했다.

배달된 책 상자를 풀어 하나씩 정리했다.

새 책의 냄새가 공기 중에 스며들었다.

책장을 훑는 가을바람이 책과 함께 흔들렸다.

그 페이지들은 나에게 어떤 이야기를 건넬까. 책의 제목 하나하나가 각기 다른 감정과 기억을 불러일으켰다.

정리를 마치고 가게 문을 열어 두었다.

잠시 후, 털 손님이 찾아왔다. 고양이 한 마리, 떠돌이 강아지 한 마리.

지나가던 길에 가게를 기웃거리며 발을 들인다.

동물을 좋아하는 나는 그럴 때마다 조용히 반가운 눈빛을 보냈다.

고양이는 조심스럽게 앞발을 들고 가게 안으로 들어오고, 강아지는 꼬리를 흔들며 호기심 가득한 눈으로 주변을 살폈다.

그런 평화롭고 부담 없는 하루들이 이어진다.

"그 책 있나?"

어느 날, 드물게 손님이 찾아왔다.

책방이라 열어 두었지만 손님을 응대하는 건 처음이었다.

입이 달싹거리며 식은땀이 나는 듯했다.

갈 곳 잃은 손끝은 등 뒤로 감췄다.

어르신은 개의치 않고 말했다.

"그 있어, 그거…?"

"그게 뭔가요?"

대명사의 연속에 당황했지만, 나는 최선을 다해 응대했다.

"그 책, 그거 말이야. 그거!"

"아, 그거요? 어떤 그거인지 조금만 더 말씀해 주실 수 있을까요?"

어르신은 생각에 잠긴 듯 턱을 긁적였다.

"그 유명한 작자가 쓴 거… 소설상 받았다나 뭐라나….."

그 순간, 나는 애써 떠올리지 않아도 그 책을 알 것 같았다.

최근 노벨문학상 수상작이 뉴스에 자주 등장했기 때문이다.

"혹시 이 책인가요?"

책 한 권을 내밀자, 어르신은 눈을 반짝이며 말했다.

"그래, 그거야!"

나도 모르게 긴장이 풀리며 미소가 지어졌다.

어르신은 책을 들며 툴툴댔다.

"여편네들이 뭐시 그리 잘났다고 이 책 보고 떠들어 대더라고!?"

조금 전의 자신감은 사라지고, 대신 어딘가 서운한 기운이 감돌았다.

어르신은 지갑을 뒤적이며 다가왔다.

"글자가 작아 뵈지도 않구만…. 에잉… 그래서 책이 얼마인교?"
글자가 보이지도 않는다며 책을 사시려 했다.
망설였지만, 그 마음을 알 것 같았다.

"가지고만 있어도, 이제 무시당하지 않겠지…."

그 말에 나도 모르게 고개를 끄덕였다.
어르신은 떠났고, 나는 텅 빈 책장 자리를 바라보며 생각에 잠겼다.

사람들은 시계나 자동차, 건물이나 가방으로 과시하지만,
책으로도 과시할 수 있다는 걸 그날 처음 알았다.
정확히는, 책을 읽었느냐 안 읽었느냐를 기준으로 사람을 평가받는
시대.
그 속에서 누군가는 책 한 권으로 자신을 지키려 한다는 사실이 조
금은 슬펐다.

커피를 한 모금 마셨다.
따뜻한 향이, 마음속 한구석을 조용히 덮어주었다.

꿈

나의 꿈

'나는 뭐가 되고 싶었을까?'

어릴 때 TV 프로그램에 나왔던 유리 겔라인가? 초능력 부리는 것을 보고 몰래 다락방에서 눈빛으로 책을 옮겨 보려고 했었던 기억이 있다. 초능력자가 되고 싶었을까? 그렇게 7살이 되었다.

나의 꿈은 뭐였을까? 학교생활기록부를 찾아보고 싶다. 언제나 조용한 아이로 기록되었다. 말하는 것보다 책을 보고 글쓰기가 더 좋긴 했다. 그렇다고 많은 책을 볼 시간은 없었다. 휴일이나 방학이 되면 엄마는 우리를 논이나 밭으로 데리고 다녔다. 농사짓는 건 매우 싫었는데.

20대쯤 공무원이었던 나는 글을 쓰고 싶었다. 공무원교육원에서 10년 단위로 인생계획을 짜서 발표하는 시간을 가졌었다. 막연하게 40대쯤에는 내 책을 내서 친필 사인도 하고 싶고 북 토크도 하는 작가로. 하지만 생활에 밀려서 틈틈이 글을 쓰지 못했다. 막연한 꿈으로 남아있다고 할까?

30대쯤에 공무원을 그만둔 나는 책방에서 일하고 싶었다. 어느 날 시내를 걷다가 책방 유리창에 붙은 직원 모집이라는 메모를 봤다. 바로 들어가서 물어봤다. "전에 무슨 일 하셨는지?"라고 묻는다. 공무원 했다고 하니 "그 좋은 직장을 왜 그만두셨어요? 책은 너무 무거워서 일 못 해요."라고 한다. '시켜 보기나 하지.' 아쉬웠다. 그 당시 책방 사장님은 공무원이 직장이었던 나에게 일을 시켜 주지 않았다. 그래도 책을 보면 마음이 편했다.

우여곡절 끝에 책방지기를 하고 있다. 책을 많이 읽을 시간도 없었지만, 책방에서는 이런저런 책을 구경할 수 있다. 책을 좋아하면 할 수 있다. 이런 순간을 즐길 수 있다면.

고양이에 빠져서 고양이책방을 하고 있다. 많은 고양이 책을 볼 수 있어서 좋다. 인스타에서 유명한 작가의 책들을 입고해서 볼 수 있지만, 판매로 이어지지 않아서 어렵다. 먼지 쌓일 때까지 기다리지 말고 독자들에게 읽히면 좋겠다.

독서 모임으로 《토지》 20권까지 읽기를 시작했다. 《토지》 8권까지 읽고 모임을 진행했다. 마음이 맞는 두 명이라면 지속해서 할 수 있다.

같은 책을 읽고 다른 마음 이야기를 나누는 시간, 공감되는 장면도 있다. 허심탄회하게 이야기를 나눌 수 있는 독서 모임이라 매시간 성장하는 느낌이다.

글을 쓰고 싶은 두 사람이 모였다. 아무거나 글쓰기 모임이다. 한 달에 한 번 모이는 것도 아니고 일주일에 한 번 만나서 이런저런 주제로 글을 썼다. 글을 모아서 우리는 출판할 계획을 세웠다. 이 글을 쓰는 지금은 퇴고 중이다. 읽을 때마다 이상한 나의 글을 정비 중이다.

50대 중반을 넘어가는 나는 조용히 염원했던 것을 하나씩 하고 있다.
작가가 되어 책방을 하고 싶었나 보다. 누가 뭐래도 나의 꿈이 이루어졌다. 계속 진행 중이다.

25년 2월 16일
나는야 반쪽짜리 효자

부모님께 뭔가를 사드려야겠다는 생각.
그게 내 머리에 처음 떠올랐던 순간이 언제였는지, 솔직히 잘 기억이 안 난다.
아무리 기억을 더듬어도 떠오르는 건 외식 정도. 그것도 내가 돈을 벌기 시작하고 나서야 겨우 한두 번, 카드 긁으며 뿌듯해했던 기억이

고작이다.

　물건을 직접 사서 선물한 기억은?
　없다. 쥐어짜 봐도, 없다.
　받을 땐 기가 막히게 챙겨 받으면서, 줄 땐 손톱만큼의 생각조차 해본 적이 없었다. 애초에 내 기본 설정은 '수신 전용'이었던 모양이다. 신호만 들어오면 번개처럼 받아내는 안테나, 그게 나였다.

　그런 내가 이번에 큰 결심을 했다.
　엄마한테는 스마트워치, 아빠한테는 지갑.
　심지어 고민도 안 했다. 두 분이 알아서 "이거 갖고 싶다."라고 직접 주문 넣으셨기 때문이다. 덕분에 나는 마치 문제집 뒤쪽의 정답지를 슬쩍 보는 학생처럼, 고민 없는 선택을 했다. 세상에, 이렇게 효율적인 효도가 있다니.

　그런데 그 순간, 약간 창피했다.
　'나는 왜 평생 필요한 걸 물어볼 생각조차 안 했을까?'
　돈이 없어서가 아니었다. 사실은 그냥 쓰기 싫었던 거다. 지갑을 열면 바람이 빠져나가는 듯한 허전함을 견디기 싫었던 거다. 그렇게 단순하고도 확실한 인간이었다.

　그러다 또 하나 깨달았다.

없는 건 모으면 된다.

그런데 나는 없으면 '모을 생각'보다 '포기할 핑계'를 먼저 찾는 사람이었다. 정성 들여 하나하나 쌓아 올리기 전에, 손부터 뻗어 "아 몰라." 하던 애였다. 예전부터 늘 그랬다. 시험공부도, 인간관계도, 돈 모으기도. 시작보다 포기가 더 쉽다는 걸 너무 일찍 배워버린 아이.

이제 와서 뒤돌아보면, 부모님께 뭔가를 사드리는 건 단순한 소비가 아니다.

내가 가진 게 조금 부족하더라도, 그 부족함을 모아 하나의 '마음'으로 전하는 일이다. 그런데 나는 그 마음을 애써 모으는 대신, 늘 자기합리화의 껍데기 안에서 버텨왔다.

그래서 이번 선물은 물건 그 자체보다 더 큰 의미였다.
비로소 '수신 전용 모드'를 끄고, 조금은 '송신' 버튼을 눌러본 셈이다.
비록 늦었지만, 그 한 번의 전송이 나에겐 꽤 큰 파동처럼 다가왔다.

이쯤 되니, 괜히 인생 회고까지 시작됐다.
첫 꿈이 포크레인 기사였다는 걸 떠올렸다.
이유는 아주 단순했다. 포크레인이 멋있어 보였으니까.
어릴 때의 꿈은 언제나 단순했다. 멋있으면 곧바로 직업이 되고, 반짝이면 인생의 목표가 되었다. 현실이 어떻고, 적성은 뭔지 따질 것도 없었다. 그저 "와, 간지!" 이거 하나로 인생 설계도를 그려버리는 시절이었다.

초등학생 때는 과학자가 되고 싶었다.

고등학생 때 내 이과 성적표를 보면 그냥 개그일 뿐이다.

그땐 신기한 것만 보면 다 하고 싶었다. 현미경만 들여다봐도 세상을 발견한 기분이었고, 새끼손가락으로도 우주를 해석할 수 있을 것 같았다.

'세상에 질문을 던지는 나, 멋있다!'

이렇게 자뻑 하며 살았다. 그런데 지금은 질문은커녕, 세탁기 고장나면 바로 포기 버튼부터 누른다. "AS 불러." 현실의 나는 질문보다 항복이 빠른 인간이 되어 있었다.

중학생 때는 친구 따라 밴드부에 들어갔다.

악기는 한 번도 제대로 다뤄본 적 없던 애가, 드럼 치겠다고 설치다가 손바닥은 물집투성이, 몸은 파김치였다.

그 와중에 부모님이 큰맘 먹고 사주신 기타를 끌어안고 밤마다 연습을 했다. 손끝이 아려도, 코드 하나 제대로 잡히면 세상을 다 가진 기분이었다. 덕분에 학교 축제 무대도 서봤고, 길거리 공연도 해봤다.

생각해 보면, 그때만큼 뭔가에 미쳐본 적이 없었던 것 같다. 그 열정은 지금 다시 꺼내려 해도 어딘가 먼지 뒤에 파묻혀 있다.

고등학생 땐 사정이 달라졌다. 집안 형편이 어려워지면서 사람 대신 책을 친구 삼았다. 매일 도서관 구석에 앉아 소설책을 읽고 또 읽었다. 그러다 문득 생각했다.

'읽기만 하지 말고, 나도 써볼까?'

천진난만하게 키보드를 두드렸고, 내 글이 학교 잡지에 단편으로 실렸다. 그때 느낀 짜릿함은 아직도 잊히지 않는다.

'아, 나 제법 괜찮은데?'

물론 지금 다시 보면 손발이 오그라드는 흑역사다. 하지만 흑역사도 시간이 지나면 추억이 된다. 추억은 그냥 살려두는 게 미덕이다.

고2 때는 인터넷 소설 사이트에 투고까지 했다.

처음에는 눈팅만 하다가, 어느 날 용기 내어 올린 글이 조회수 몇천, 댓글 몇백을 찍었다. 그 순간, 나는 착각의 나락으로 곤두박질쳤다.

'나는 천재인가?'

그야말로 자아도취의 끝판왕. 하지만 곧 깨달았다. 미성년자는 수익이 없다. 결국 '칭찬만 받고 끝'인 프로젝트였다. 그래도 그 칭찬은 오래갔다.

어디서든 칭찬 한 숟갈만 뿌려 주면 기세등등하게 달려 나가는 인간. 그게 바로 나였다.

지금도 여전히 작가를 꿈꾼다.

사실 글을 써서 돈을 벌고 있으니, 표면적으로 보면 작가가 맞다. 하지만 나는 늘 속으로만 중얼거린다. "아직 진짜는 아니지." 내가 나를 인정하지 않으니, 타인의 인정도 어쩐지 빈껍데기처럼 들린다. 나 스스로 정한 기준은 단순하다. 돈을 더 벌어야 한다. 생활비를 걱정하지 않을 만큼, 원고료만으로 버틸 수 있을 만큼. 그날이 와야 진짜 작가라는 훈장을 스스로 달아줄 수 있을 것 같다.

요즘은 만화에도 손을 대고 있다. 말풍선을 채우고, 컷을 나누며, 이야기가 그림으로 살아나는 그 순간의 짜릿함은 분명히 있다. 그러나 동시에, '이게 뭐 하는 짓이냐' 싶은 허무감도 따라온다. 그림은 서툴고, 글은 아직 미완성이고, 게임 기획도 손을 대면 금세 미궁 속으로 빠진다. 한마디로 요약하면, "하고 싶은 건 많지만, 되는 건 하나도 없다." 그래도 포기할 수가 없다. 지금의 내 인생에서 그런 시도들이야말로 가장 소소한 사치이자 작은 재미다.

그리고 이상하게도, 이제는 부모님께 선물을 하고 싶어졌다.
비싸고 화려한 게 아니어도 괜찮다. 스마트워치든 지갑이든, 그것이 '부모님 부탁 들어줬다'는 티를 내는 물건이라면 충분하다. 어릴 땐 뭐든 받기만 바랐던 내가 이제는 뭔가를 건네고 싶어 한다는 사실이, 가끔은 나 자신을 낯설게 만든다. '이제야 사람 구실을 조금은 하고 있구나'라는 묘한 안도감도 따라온다.

물론 여전히 서툴고 어설프다. 나는 원래 그런 인간이다. 뭐든 반쪽짜리로 시작해서 반쪽짜리로 끝내는, 그런 버릇이 몸에 밴 사람이다.

하이퀄리티 효자는 못 되더라도, 반쪽짜리 효자는 될 수 있다. 반쪽짜리라도 분명 '효자'라는 이름 안에는 들어가니까.

그러니까 부디, 부모님도 크게 바라지 않으셨으면 한다.
나는 거창한 건 못 한다. 대신 소박하고 어설프지만 꾸준하게, 내 방식대로 마음을 건넬 뿐이다. '적당히 해줬으면 좋겠다'는 내 바람은 사실, 부모님께 드리는 부탁이자 동시에 내게 건네는 다짐이다. 완벽할 수는 없지만, 완벽하지 않아도 괜찮다고.

그리고 언젠가, 글이든 만화든, 혹은 그 밖의 무엇이든 내 손끝에서 하나쯤은 제대로 이뤄진 순간이 온다면… 그때는 부모님께 조금 더 당당히 말할 수 있지 않을까.
"그래도, 나름 열심히 살았지 않냐고."

❀ 다이어트 ❀

다시 시작하는 다이어트

'어제보다 몸무게가 빠졌을까?' 눈 뜨자마자 체중계에 올라간다. 기대감은 언제나 박살이 난다. 어제보다 40g이 더 늘었다. 체중계에 오르면 매일 몸무게를 점검하면서 '어제저녁 뭐 먹었지?' 하고 생각하게 된다.

감기를 달고 살 땐 약 한 달 동안 체중계에 올라가지 않았다. 든든히 밥 먹고 약을 챙겨 먹어야 하기 때문이다. 배에 튜브를 낀 것 같은 익숙한 느낌이 들었다.

그래도 다행인 것은 일주일에 한 번 신나게 라인댄스 강좌를 듣고 있다. 그다음 날은 어김없이 몸이 가볍다. 그렇다면 먹고 운동하고 체중 관리를 한다면 성공할 것이다.

언제나 많이 먹은 것이 문제다. 지금 먹는 것보다 더 적게 먹어야 한다. 이상하게 적게 먹으면 좀 더 많이 먹고 싶다. 매번 실패다. 호르몬의 변화일까? 살이 더 잘 빠지지 않는다.

아침은 사과 한 개를 먹는다. 사과껍질을 깎고 3분의 1 정도는 귀여운 강아지 탄이에게 준다. 사과를 빨리 주지 않으면 초롱초롱한 눈동자로, 꼬리까지 흔들면서 빨리 달라고 짖는다. 그 모습이 귀여워서 일부러 늦게 주기도 한다. 사과를 먹지 않는 곰이는 탄이가 나한테 애교 부리는 건 또 용납을 안 한다. 그래서 짖기 전에 빨리 먹고 치운다.

요즘 많이 나오는 방울토마토와 달걀을 넣은 볶음밥 도시락을 만든다. 점심도 건강하게 먹으려고 노력 중이다. 방울토마토를 기름에 볶아서 먹으면 몸에 더 좋다고 한다….

저녁이 큰 문제다. 유튜브를 보면서 찌개나 국을 맛있게 만들어 내는 남편. 소고깃국과 잡곡밥을 같이 기분 좋게 먹는다. 풍선처럼 부풀어 오른 배를 두드리면서 티브이 드라마를 본다. 일주일 내내 볼 수 있는 드라마가 있다. 그렇게 앉아 있다가 잘 때가 되면 침대에 들어간다. 소화가 안 된 배는 밤새 나를 뒤척이게 만든다. 중간중간 깨기도 한다. 많이 먹은 저녁을 소화라도 시키고 자면 아침이 개운할 것 같다.

결혼하기 전, 내 몸무게는 45~47kg이었다. 그러고 좋았던 건 아무리 많이 먹어도 살이 찌지 않았다. 배는 살짝 나와도 옷 입으면 보이지 않았다. 옷 사이즈는 44가 맞았다.

결혼하고 첫애 출산 후 몸무게가 72kg에서 65kg까지 내렸다. 둘째 출산해도 살이 팍팍 빠지지는 않았다. 옷 사이즈는 77 치수가 맞았다.

다이어트 경험은 약도 먹어 보고 배에 주사도 맞아 봤다. 제일 효과가 있는 것은 배에 주사 맞았을 때였다. 옷을 입으면 배 둘레가 없으니 괜히 자신감이 생겼다. 그러나 주사를 맞지 않으면 요요 현상이 왔다.

재즈댄스도 일주일에 두 번 해 봤다. 노래 들으면서 몸을 흔드니 괜히 기분도 좋아졌다. 특히 배 둘레가 빠졌다. 오랜만에 보는 사람들이 "보기 좋아졌다."라고 이야기도 해 줬다. 운동은 일상생활에 활력을 준다. 그러나 운동을 하지 않으니 다시 요요가 왔다.

다이어트는 실천하면 된다. 뭘 해야 할까? 요즘 적기 시작한 식사일기! 도움이 된다. 적어도 내가 뭘 먹은 건지 기록이 되니까 반성이 된다.

저녁을 먹고 하루 만 보는 채워야겠다. 책방에 너무 앉아 있어서 하루 2천 보 넘기기도 힘들다. 매일 만 보를 채운다면 건강도, 다이어트도 성공할 것이다.

먹는 것도 건강한 것만 챙기자. 내 체중은 62kg에서 왔다 갔다 한다. 59kg이 될 때까지! 좀 더 욕심을 부리면 55kg! 다이어트는 오늘부터 다시 시작해 보자.

25년 7월 20일
이미 '예감'이 왔다

지금 이 글을 쓰는 나는,
다이어트에 대한 결의를 다지고 있는 몸…은 아니고,
'예감'이라는 과자를 입에 넣은 상태다.

과자의 바삭거림이 방 안을 가득 메우는 순간, 문득 스스로도 웃음이 났다. 다이어트 수필을 쓰겠다며 노트북 앞에 앉아 있으면서 손은 끊임없이 과자를 집어 올리고 있으니. '나는 왜 살이 안 빠질까?'라는 질문은, 사실 과자 봉지를 뜯는 순간부터 대답이 정해져 있었는지도 모른다. 지금 나는 그 모순을 가장 정직하게 증명하는 중이다.

솔직한 김에 더 털어놓자면, 나의 살 전성기는 군대 가기 전이었다. 흔히들 군대에서 체중이 줄었다느니, 식단이 건강해졌다느니 하는데, 내 경우는 그 반대였다. 군대는 나라를 지키는 곳이기도 했지만, 동시에 내 체중을 지켜주던 마지막 보루였다.

입대 직전의 나는 마치 세상의 모든 음식을 한 번에 맛보고 가야 한다는 사명이라도 받은 사람 같았다. 짜장면은 일주일에 한 번꼴로 먹었고, 치킨은 주말의 필수 코스였다. 밤마다 라면은 양치질 대신이었다. 그 시절, 라면 봉지 뜯는 소리는 하루의 끝을 알리는 종소리와도 같았다.

특히 입대를 앞두고는, 알 수 없는 억울함과 불안감에 휩싸여 있었다. 그래서 더 먹었다. 눈에 보이는 건 다 입에 넣는다는 철학. 그리고 그 철학의 최종 목적지는 내 몸뚱이였다. 배는 늘 불렀고, 얼굴은 점점 둥글어졌다.

그 무렵, 삭발을 했다.
군대 준비의 마지막 절차.
머리카락이 사라진 내 모습을 본 누나는 한참을 보더니 피식 웃으며 이렇게 말했다.

"와, 진짜 엄지 닮았다."

그 한마디가 내 귀에 박혔다. 그날 이후로, 나는 사람의 형상을 한 엄지손가락처럼 살았다. 거울을 볼 때마다 손가락이 의인화되어 내게 인사라도 하는 듯한 기분이었다. 볼살은 손끝처럼 동그랬고, 턱선은 이미 잠적해 버렸다. 나의 인생에서 가장 입체적이었던 건 근육이 아니라 볼살과 턱이었다.

돌이켜 보면, 그때의 나는 그저 사춘기의 연장선에 놓여 있던 것 같다. 불안하고, 막막하고, 그 감정을 어떻게 풀어야 할지 몰랐기에 가장 쉬운 해답을 선택했다. 먹는 것. 그건 즉각적인 위로였고, 가장 손쉬운 기쁨이었다. 하지만 동시에, 그 흔적은 고스란히 몸에 남았다.

하지만 다행히도, 인생은 늘 균형을 맞춰 주는 법이었다.

나는 군대를 갔다.
군대는 누가 뭐래도, 세상에서 가장 강력한 다이어트 프로그램이었다. 그것도 선택의 여지가 없는, 강제 참여형 데스매치. 새벽마다 들려오는 기상나팔 소리에 억지로 눈을 뜨고, 밥을 허겁지겁 삼켜 넣은 뒤, 그 밥이 채 소화되기도 전에 곧장 구보와 훈련으로 이어지는 나날들. 밥은 먹었지만, 그 밥이 내 살로 정착할 틈이 없었다. 땀으로 흘려보내는 속도가 먹는 속도보다 훨씬 빨랐으니까.

구보, 뜀걸음, 그리고 끝이 보이지 않는 행군. 군장의 무게보다 더 무거웠던 건 눈빛만 봐도 주눅 들게 만들던 상병의 살기였다. 그 모든 것들이 합쳐져, 나를 기어이 사람의 형상으로 돌려놓았다. 군대에 들어가기 전, 누나는 삭발한 내 머리를 보고 "엄지 같다."라고 놀렸었다. 그 엄지가 시간이 지나며 팔, 다리, 허리까지 제자리를 찾는 과정을 겪고 있었다.

그리고, 전역했다.

하지만 전역과 동시에 균형추는 또 다른 쪽으로 기울기 시작했다. 군대에서 빠졌던 살은 마치 잠깐 출장이라도 다녀온 듯, 아무렇지 않게 다시 제자리로 돌아왔다. "형, 우리 왔다~!" 하고 단체로 몰려오는 살의 귀환 퍼레이드. 그 반가움(?)은 반갑지 않았다.

나는 나시 티를 입어 보았다. 군대에서는 그래도 땀에 전 티셔츠 속에서 뼈와 근육의 모양이 얼추 보였는데, 전역 후의 나시 티는 그저 늘어진 천 한 장이 되어, 마치 살색 소시지를 억지로 감싸놓은 듯 민망했다. 거울 앞에 서 있는 내 모습은, 어쩐지 내 의지가 아니라 세상의 유혹이 만든 결과물 같았다.

세상엔 왜 이렇게 맛있는 게 많을까?
내 마음은 늘 "오늘부터 다이어트해야 한다."라고 말하는데, 세상은 늘 "음식 문 앞에 두고 갈게요~"라며 다정하게 노크한다. 초밥, 돈가스, 오리고기, 곱창, 삼겹살… 그 모든 유혹이 줄지어 서 있다. 그리고 지금, 내 손에는 '예감'이라는 과자가 들려 있다. 그 과자는 조용히 속삭였다. "넌 이번에도 다이어트 못 할 예감."

그건 단순한 예감이 아니었다. 예언이었다.

그러나 이제는 예언이 빗나가도, 또 맞아떨어져도, 크게 상관없다. 살은 결국 찌고 빠지고를 반복한다. 중요한 건 어디서, 누구와, 어떤 웃음을 지으며 찌느냐는 것. 다이어트가 실패라면, 그 실패조차 이야 깃거리가 된다.

나는 지금 이 수필을 쓰며 잠시 마음을 다잡는다. 물론, 곁에는 아직 도 '예감' 한 봉지가 남아 있다. 어쩌면 다짐과 과자는 늘 같이 있는지 도 모른다.

그러니 오늘도 나는 솔직하게 말한다.
"다이어트? 난… 이미 실패를 예감했다."

❀ 댄스 ❀

이제는 운동 말고 춤을 춥시다

어릴 때는 특별히 하고 싶은 것도 없었다.

온 동네가 떠나가라는 듯이 큰 소리로 말하는 할머니가 너무 두려웠다. 순종(順從)하면서 조용히 넘어가는 게 좋았다. 할머니가 하라는 대로 갑갑한 갑옷에 나를 가둬서 살았다. 자유롭게 생각을 표현하고 춤을 추거나 기분 좋을 때는 큰소리로 웃고 있는 사람들이 부러웠다. 내가 할 수 없었던 모습이었다.

50대의 내 삶은 변화가 많이 있었다. 시부모님과 친정 엄마가 돌아가셨다. 나는 책방묘미를 하고 있다. 명절에 우리 집 와서 큰소리 내는 시댁 식구들을 안 보고 살고 있다. 자주 보는 것도 아닌데 한 번씩 봐도 그들이 하는 말은 마음속 응어리가 되었다. 다 해소되지 못했지만, 그들을 안 보니깐 마음이 평안해졌다. 지금부터 6년 전에 건강검진 하면서 발견된 유방암세포가 나의 삶을 바꾸게 된 동기가 되었다. 내가 하고 싶어 하는 것을 남편이 해 주고 있다.

홍동에 행정복지센터가 이전되면서 교양강좌 수업인 라인댄스가 운명처럼 다가왔다. 설레는 마음으로 신청했다. 수업에 들어가면 신나는 음악을 계속 들을 수 있는 게 좋다. 이쁘고 날씬한 선생님의 몸매를 보는 눈이 즐겁다. 마치 내가 그런 것처럼. 음악에 맞춰서 춤을 추는 것도 황홀한 시간이다. 뻣뻣한 내 몸이 선생님처럼 움직여 주길 바라면서 로봇같이 따라 한다.

그렇게 시간이 흘러 2년이 되었다. 처음은 운동화에 청바지를 입고 수업에 참여했었다. 점차 라인댄스화와 옷도 샀다. 공연에 참여하려면 더 화려한 복장도 필요했다. 공연에 참여하려면 수업 시간 말고도 더 시간을 내서 반복 연습을 해야 한다. 그게 더욱 실력을 늘고 재미가 있었던 것 같다. 같은 동작을 반복, 연습하면서 몸이 유연해지고 리듬을 타고 있다.

일주일에 한 번 있던 수업이 공휴일로 빠지게 되면 야외수업을 한 적이 있다. 그날은 수강생들이 시간을 내서 홍동 아이 뜰 공원에서 만났다. 선생님도 그날 시간을 내서 참석하셨다. 수업 시간에 배웠던 작품들을 반복하면서 추었다. 신나는 곡은 그 곡대로, 우아한 곡은 그 곡대로 몸을 움직여 동작했다. 영상을 찍었다. 수업 시작 전에 많이 먹었던 음식 때문이었을까? 팔을 올릴 때마다 나오는 내 뱃살 때문에 웃음을 금치 못했다. 신나는 야외수업의 추억이 또 쌓였다.

한번은 수업 시간에 있었던 일이다. 맨 앞에 있던 선생님이 뒤로 돌아서 막춤을 출 때가 있다. 한번은 나한테 와서 그러는데 내가 몸을 돌렸다. "왜 그래요? 부끄러워서요?" 선생님이 물었다. 부끄러워하면 춤이 늘지 않는다고 했다. 부끄러움은 나의 몫이었다.

신나는 음악을 들으면 갑갑한 내 몸속에 숨어 있던 끼가 탈출하려한다. 이런 게 자신감일까? 무대에 오르는 나 자신이 좋다. 라인댄스가 나의 삶을 조금씩 바꾸어 나가고 있다. 건강은 멀리 있는 게 아니다. 몸치 탈출도 시키고 건강한 삶을 유지하게 만든다.

라인댄스 선생님께서 말씀하셨다.
"이제는 운동 말고 춤을 춥시다."
'이제는 부끄러워하지 않고 춤 같은 춤을 추고 싶어요.' 속으로 이야기한다.

25년 4월 6일

도대체 이걸 왜 하는 거지?

심장이 터질 듯이 두근거렸다. 내일 MT에 챙겨 갈 물건들이 자취방 침대 위로 대책 없이 흩어져 있었다. 대전대학교 국어국문창작학부에

입학한 지 딱 한 달, 이미 '첫 MT'라는 커다란 통과의례가 목전이었다. 창밖으로는 벚꽃이 진짜로 눈처럼 흩날렸고, 그 풍경만 보면 괜히 봄 소설의 주인공 같았지만 침대 위에 널브러진 면도기·슬리퍼·양말·간식봉지는 내 현실을 정확히 증언했다.

처음엔 정말 가고 싶지 않았다. 나는 조용한 분위기를 사랑하는 인간이고, 그래도 대학 생활에서 한 번은 겪어야 한다길래, "경험치나 쌓자."라는 마음으로 참가 버튼을 눌렀다. 이 결정이 나를 춤추게 만들 줄은 ─ 그것도 여장을 하고 ─ 그땐 몰랐다. 인생은 늘 중요 대목에서만 스포일러가 없다.

여행 가방에는 갈아입을 옷, 세면도구, 수건을 '대충 정리했다'는 말로 포장한 난장판이 담겼다. 하룻밤이니 많이 필요 없다며 줄이고 줄였는데, 정작 부피의 절반은 과자였다. 그리고 가장 위에는 내일 장기자랑의 주력 아이템, 흰 셔츠와 검은 바지가 얌전히 놓여 있었다. 얌전한 건 옷뿐이었고, 그 옷을 바라볼 때마다 내 심장은 급격하게 울렸다.

문제의 장기자랑. 국문과 1학년 조는 아이돌 댄스를 하기로 했고, 콘셉트가 '걸그룹'으로 굳는 데는 10분도 걸리지 않았다. 그 자리엔 '자존심'이란 단어가 들어올 틈이 없었다. 소심한 나에게 무대는 공포 유발 장치였지만, 신입생 동기들과 선배들의 "같이 하자."라는 말 앞에 나는 의외로 사교적인 사람처럼 고개를 끄덕였다. 그러니까, 나의 밝은 사회성은 타인의 요청으로만 작동하는 수동형 기계였다.

그다음 며칠, 점심시간과 저녁마다 빈 강의실을 빌려 연습을 했다. 바닥은 왁스 냄새가 났고, 스피커는 의외로 저력이 있었다. 연습은 생각보다 진지했고, 땀은 생각보다 솔직했다. 그러나 나는 같은 동작을 따라 하면서도 머릿속에 늘 같은 의문이 떠다녔다. "이걸 왜 하지?", "무슨 부귀영화를 누리자고?", "이걸 성공하면 어떤 보상이 있지?" 결론은 항상 '아마 아무것도 없을 것'이었지만, 그래도 발은 계속 움직였다. 남자인 내가 여장을 하고 걸그룹 춤을 추는 것으로 세상이 한 뼘이라도 더 좋아지진 않겠지만… 모종의 전우애, 그리고 이상한 감각이 사람을 춤추게 했다.

밤에는 노트북으로 원본 영상을 반복 재생 하며 혼자 연습도 했다. 중요한 일이 아닌데 지나치게 진지해지는 건 늘 이런 순간이다. 춤추는 그림자를 벽에 비추며 손목 각도를 맞추다 보면, 어느새 새벽. 단 하나의 확실한 사실은 내가 더 흉측해 진다는 점이다.

그리고 드디어, 알람이 울렸다. MT 당일. 가방을 들고 학교 정문으로 가는 길, 벚꽃잎은 공기 중에서 천천히 늦장을 부렸다. 캠퍼스는 봄을 제대로 켜놨고, 내 마음도 잠깐 봄바람처럼 가벼워졌다가, 장기자랑을 떠올리는 순간 즉시 한겨울로 변했다.

정문엔 이미 동기들이 모여 있었다. 반은 나처럼 어색한 표정, 반은 이미 친해져서 현장 분위기를 주도하는 표정이다. 활발한 선배가 멀리서 손을 크게 흔들었다. 나는 표정 근육을 총동원해 어색한 미소를 만들어 내고 버스에 올랐다. 좌석에 앉자마자 들이닥치는 공기 — 약간의 새 가죽 냄새, 약간의 방향제 냄새, 그리고 어젯밤을 무사히 보내지 못한 알코올들의 잔향 — 를 한 숨에 들이켰다. 긴장과 방향제의 환상의 콜라보.

두 시간쯤 흔들리다 도착한 합숙소는 의외로 깨끗하고 넓었다. 현관 매트가 제 기능을 하는 보기 드문 숙소였다. 방 배정이 끝나자마자 장기자랑 준비가 시작되었다. 그 지옥 같은 화장을 해야 했기 때문이다. 여자 동기들이 화장대를 펴고 "눈 감아 봐." 한마디에 나는 아무런 법적 보호장치 없이 눈을 감았다. 짧은 머리에 핀까지 꽂히자 거울 속에 낯선 사람이 앉아 있었다.

오후가 되자 본격적인 MT 프로그램이 가동됐다. MC를 맡은 선배의 지나치게 또렷한 발음과 함께 조별 게임이 쏟아졌다. 인간 고리 만들기, 눈감고 줄넘기, 규칙은 간단했지만 체면은 복잡해졌다. 뒤이어 바비큐 파티. 뜨거운 숯불 위에서 고기는 지글거렸고, 옆에서는 종이컵이 바람에 자꾸 넘어졌다. 해가 지기 시작하자, 드디어 장기자랑 시간이 가까워졌다.

"다음은 1학년의 댄스 공연입니다!"

사회자의 말에 내 심장은 드럼이 되었고, 종아리는 사시나무가 되었다. 우리 조가 무대로 향하는 동안 선배들과 동기들의 시선이 파도처럼 밀려왔다. 요상한 화장과 희한한 복장. 이쯤 되면 체면은 학교에 두고 올라온 셈이다. 음악이 시작되자 일단 몸이 먼저 나갔다. 연습했던 동작들이 하나둘 떠올랐고, 가끔은 전혀 연습하지 않은 동작도 끼어들었다. 그걸 즉흥이라 부르기로 했다. 중간에 몇 번 발이 엉켰지만, 다행히 모두 함께 엉켰다. 단체 실수는 미덕이다.

생각해 보면 잘하길 바라는 사람은 아무도 없었을 것이다. 그럼에도 왜 그렇게 열심히 연습했는지는 끝내 알 수 없다. 아마 새내기의 근거 없는 책임감, 혹은 단체 심리. 어쨌든 공연이 끝나고 환호가 터졌고, 나는 '어디로 도망가지?'를 눈빛으로 계산하고 있었다.

저녁 식사 후 본격적인 술자리가 시작됐다. 커다란 원을 그리며 앉아 게임을 하고, 소주가 종이컵을 통해 착실히 사회를 돌았다. 익숙한 쓴맛과 함께 시간이 빨리 익었다. "신입생은 원샷!"이라는 전통 의식이 반복될 때마다 종이컵은 가벼워지고 얼굴은 붉어졌다. 긴장해서였는지 그날은 술이 유난히 순했다. 속은 불타고 있었지만.

밤이 깊어 갈수록 사람들은 하나씩 쓰러져 갔다. 어떤 이는 "나 잠깐

만." 하고 영원히 돌아오지 않았고, 어떤 이는 테이블에 얼굴을 묻은 채 심야 다큐처럼 고요해졌다. 새벽 두 시, 방은 이불, 사람, 빈 컵이 뒤섞인 설치미술 같은 풍경이었다.

이상하게도 나는 완전히 취하지 않았다. 머리는 묵직하고 어지러웠지만 의식은 말끔했다. 일어나 둘러보니 깨어 있는 사람은 거의 없었다. 몇몇 선배들이 비틀거리며 방으로 돌아가고, 나머지는 꿈나라에 이미 도착해 있었다. 마지막까지 남은 선배들과 잡담을 조금 더 주고받고 나서야 술자리가 정말 끝났다.

그제야 방이 보였다. 빈 소주병, 맥주 캔, 과자 봉지, 젓가락, 일회용 컵. "이거… 다 치워야 하나?" 내일 아침엔 더 하기 싫을 게 분명했다. 아무도 없기도 했고, 내가 치우면 내 마음이 편했다. 큰 비닐봉지를 펼치고 유리병을 모으기 시작했다. 유리와 캔이 부딪히는 짤그랑 소리가 밤공기를 톡톡 건드렸다. 그 소리 사이로 오늘 하루가 다시 재생됐다. 버스의 떨림, 조명 아래의 춤, 쓴맛과 웃음, 그리고 내가 대학생이 된 실감.

"도와줄까?"
문턱에 여자 동기가 서 있었다. 다행히 생존자 한 명을 더 확보했다. 우리는 말없이 쓰레기를 모으고, 테이블을 닦고, 흘린 고기 기름 자국을 휴지로 동그랗게 문질렀다. 새벽 네 시 반, 주방 싱크대에 그릇이

산처럼 쌓여 있었다.

물소리만 가득한 주방에서 우리는 묵묵히 설거지를 했다. 밤새 젖은 종이컵의 잉크가 손끝에 스며들었고, 그릇과 그릇이 부딪히며 작은 종소리처럼 울렸다. 술기운 덕인지 말이 자연스레 이어졌다. 고향 이야기, 전공을 고른 이유, 대학 생활에 대한 작은 기대와 큰 두려움. 그릇을 헹굴 때마다 한 문장씩 가벼워졌고, 마지막 접시를 올려 두니 깔끔이 완성되었다. 시계를 보니 다섯 시가 넘어 있었다. 바깥 공기는 축축했고, 멀리서 새소리가 깨어나고 있었다.

그 이후로, 이유를 정확히 알 수 없지만 — 아마 설거지를 끝까지 했다는 사실과 '신입생은 원샷'의 충실한 수행 덕분에 — 나는 술 잘 마신다는 소문을 얻었다. 군대 가기 전까지 술자리에 부르는 명단에는 늘 내 이름이 있었다. 실제 주량이든 설거지 수량이든, 어쨌든 그날 밤부터 나는 어른들의 사회로 슬쩍 편입된 기분이었다. 물론 지금 생각하면 대학생은 꼬맹이다.

❖ 이별 ❖

엄마와 이별

2017년 1월 22일(음력) 엄마는 위암이 다른 곳으로 전이되어서 저 세상으로 가셨다.

항암치료를 받기로 하고 미리 카테터 수술을 받았다. 엄만 혈관이 약해서 쇄골 밑에 넣어야 했다. 나는 엄마의 항암치료가 끝나면 그것을 빼는 줄 알았다. 목욕을 좋아했던 엄마는 다른 사람에게 쇄골 밑에 꽂혀 있던 관에 대해서 질문을 받는 모습을 봤다. 다른 사람하고 다르니 그것에 궁금증을 표현했다. 엄마는 사망할 때까지 그 흉측한 관을 빼지 못했다.

엄마는 항암치료 하기 전에 꼭 두 가지를 하셨다. 소고기 뷔페에 들렀고, 영양제도 맞고 갔다. 치료를 견디기에 딱 좋았다고 했다. 병원 입원은 2박 3일이었다. 나와 함께 병원에 가서 방 배정을 받았다. 간호사가 와서 몸무게 등을 점검했다. 그 후 항암약물을 투여하기 시작했다. 하얀 약물 같은 것이 플라스틱 통에 들어 있었는데 검은 비닐로 감싸놓았다. 햇빛이 들어가면 안 되는 모양이었다.

엄마는 항암치료를 3주에 한 번, 6회를 받았던 것 같다. 아프면 진통제를 먹었기 때문에 엄마는 다 나은 것 같다고 좋아하기도 했다. 초기에는 입원해서 이런저런 얘기도 하고, 웃기도 했다. 복도에 걸어 다니기도 했다. 의자에 앉으면 많은 환자가 걸어 다니는 것이 보였다. 검은 봉지에 싸인 통을 걸고 밀고 다니는 사람에게 엄마는 말을 걸었다. 어디가 아파서 왔냐? 등 병원 사회생활을 열심히 했던 엄마! 아직도 눈에 아른거린다.

그 얘기를 들으니 현대의학 발전은 실로 대단했다. 여기저기 전이돼도 13번 수술했다는 환자를 병원은 살린다. 그 후 관리는 철저히 환자가 해야 한다. 그 전 삶의 방식대로 살면 들어냈던 암세포가 다시 몸속에 산다. 병원에서 계속 추적검사를 하는 이유는 그것인 것 같다. 암 환자가 되면 철저히 병원 계획표대로 개인의 삶을 산다. 그래서 그것이 사는 것인지는 개인이 얼마나 노력하는가에 달려 있다.

엄마가 위암 수술을 받으시고 항암치료를 받은 후 다시 그 전 생활습관으로 돌아갔다. 새벽에 일어나 밭에 가서 일하면서 시간 가는 줄 몰랐다. 모든 밭에 풀 하나 자라면 안 되었다. 엄마는 더 열심히 밭을 만들고 관리했다. 마당 텃밭에도 빈 곳이 없을 정도로 상추를 가득 심어 놓았다. 왜 그렇게 일을 많이 하셨을까? 아직도 안타깝기만 하다.

그래도 엄마는 혼자 있는 것을 싫어했다. 나한테 전화해서 목욕 가거나 시장 가는 등 함께 시간을 보냈다. 점점 아파하면서 어디 가지를 못할 때를 빼고는. 다 모여서 밥을 먹거나 놀러 가는 것도 즐겼다. 엄마는 아프지 않으면 자녀들과 함께 있을 때 많이 웃었다.

위암수술, 항암치료 후 3년 차 때 암이 다른 곳으로 전이되었다. 항암약물이 듣지 않았는데 엄마는 병원에서 자기를 포기할까 봐 끝까지 살려달라고 하셨다. 눈 감는 날까지 살 거라고 하셨는데…. 고함량 마약 진통제를 카테터에 꽂자마자 계속 주무시다가 가셨다. 그 옆을 지킨 건 나였다.

그즈음 병실에서 지내며 내가 적은 글을 카카오스토리에 올렸다.

오지 않는 오늘을 보내며

하루가 또 오는데
이 하루가 아쉬운
그래서 엄마와의 시간을
붙잡고 싶다.

엄만 나와 눈 마주치면

웃기도 하고
가만히 있으면
인상 쓰기도 하고
걱정, 불안해한다.

대뜸 묻는다.
애들이 내 이야기 묻나?
나 죽어가고 있다고 그런다.

인제 먹고 싶은 것도 없고
하고 실은 일도 없으신 걸까?

하루하루가 비 와서
하루하루가 빛나서

엄마와 함께

　그리운 엄마가 무척 생각나는 날에 옛날 기록을 들춰봤다. 사진과
기록을 보면서 우린 이런 시간을 보냈구나.

　'이젠 아프지 않은 곳에서 잘 지내요…. 엄마'

25년 4월 20일

한복에 닿은 눈물

꿈이었다.

사회복무요원으로 근무하던 도서관, 그날도 늘 그렇듯 조용했다. 어린이 독서실의 공기는 책 냄새와 낡은 가구에서 스며 나온 먼지 냄새가 섞여 묘하게 답답했지만, 고요했다. 정문 쪽에서 바람 한 점 스치지 않았는데, 이상하게도 그날은 무언가 들어오는 기운이 느껴졌다. 문이 열리는 소리도, 발소리도 나지 않았다. 그저 정적의 물결 사이로, 아주 자연스럽게 누군가 들어왔다.

입구에 서 계신 분은 외할머니였다.

그 순간만큼은 말이 필요 없었다. 무슨 말씀을 하셨는지는 전혀 기억나지 않는다. 아니, 어쩌면 정말 아무 말도 하지 않으셨을지도 모른다. 그저 내 쪽을 바라보고 계셨다. 하지만 그 눈빛 하나로 충분했다. 아, 할머니가 오셨구나. 그런데 왜… 왜 지금, 여기에.

나는 꿈을 거의 꾸지 않는 체질이었다. 꾸더라도 깨고 나면 금세 잊어버렸다. 그런데 그날의 장면은 너무도 선명했다. 꿈인데도 색감이 또렷했다. 빛바랜 회색 가운 대신, 익숙한 할머니의 옷차림. 잔잔한 미소와, 내가 어릴 적부터 보아 온 그 따뜻한 시선. 그것은 이상하리만치 현실 같았다.

현실의 할머니는, 그 무렵 위암 말기였다. 병실은 늘 항암제와 소독약 냄새로 가득했고, 할머니는 이미 통증 때문에 마약성 진통제에 의존하고 계셨다. 의식이 흐릿해지고, 하루하루가 버거워지는 상황. 가족 중 누군가는 늘 병원 곁을 지키고 있었지만, 나는 그 자리에 거의 가지 않았다. 사회복무 중이라는 이유가 있었고, 솔직히 말하면 귀찮았다. 미련하게도 '다음에 가면 되겠지, 아직 기회는 있겠지'라는 안일한 생각을 했다.

그럼에도 불구하고, 내 마음속 어딘가에서는 할머니를 그리워하고 있었다. 하지만 그 마음을 꺼내어 말하지 않았다.
"할머니 보고 싶어."
그 단순한 한마디를, 부모님께도 전하지 않았다.

그리고, 할머니가 꿈에 나오신 며칠 후, 정말로 돌아가셨다.

그때 깨달았다. 꿈은 단순한 상상이 아니었다. 그날의 방문은, 아마도 할머니가 마지막으로 내게 인사를 하러 오신 게 아니었을까. 나는 이제야 그때의 정적과 따뜻한 시선을 떠올리며, 그것이 할머니가 남기고 간 마지막 위로였다는 사실을 이해한다.

장례식장에 도착했을 때, 나는 얼떨떨했다.

현실감이 전혀 들지 않았다. "이게 정말 사실인가?"라는 생각이 머릿속에서 계속 맴돌았다. 마치 내가 잘못 찾아온 자리에 서 있는 것 같았다. 하지만 분향실에 가득 찬 향 냄새와 검은 옷을 입은 사람들의 표정은, 부정할 수 없는 현실을 똑똑히 알려주고 있었다.

화장 전에 가족들과 마지막 인사를 나누는 시간.

나는 그제야 관 속에 누운 할머니와 마주했다. 작은 체구는 더 작아져 있었고, 마른 손은 고목의 마디처럼 앙상했다. 한복을 곱게 입히고, 예쁘게 화장까지 되어 있었지만 그 모습은 어쩐지 낯설었다. 살아 계셨을 땐 늘 환하게 웃고, 조용히 등을 두드려 주시던 분이었는데, 눈을 감은 채 누워 계신 모습은 너무 비현실적으로 보였다. 평온해 보이는데, 그 평온함이 나를 오히려 더 무너뜨렸다.

내 차례가 되었다.

할머니 앞에 섰을 때, 나는 무슨 말을 해야 할지 수십 번 연습했었다. "사랑합니다." "죄송합니다." "보고 싶을 거예요." 하지만 막상 그 자리에 서자, 목은 굳어 버리고 가슴은 무너졌다. 어떤 말도 나오지 않았다. 대신 눈물이 터져 나왔다. 참으려 했지만 소용없었다. 눈물은 쉬지 않고 흘러내렸고, 얼굴은 금세 엉망이 되었다.

나는 손을 떨며 지폐를 한 장 꺼냈다. 저승길이 외롭지 않기를, 손자

마음이 조금이라도 전해지기를 바라는 마음으로. 하지만 돈을 넣는 손끝은 그렇게도 무력했다. 말 한마디조차 제대로 못 전한 채, 그저 눈물로만 마지막을 대신했다.

그때 내 마음을 채운 것은 후회와 죄송함, 그리고 끝내 다 전하지 못한 사랑이었다. 외가와 우리 집은 걸어서 5분도 안 되는 거리. 그토록 가까웠는데, 나는 자주 찾아뵙지 않았다. 못한 걸까, 아니면 안 한 걸까. 냉정하게 말하면, 안 한 거다. 아프시기 전에도, 아프신 뒤에도. 그 무심함이 결국 이렇게 오래 남는 후회가 될 줄, 그때는 몰랐다.

그 순간, 다시 그 꿈이 떠올랐다.
며칠 전, 도서관에서 꾸었던 그 이상하게 선명한 꿈. 몸조차 제대로 가누지 못하던 할머니가, 곧은 걸음으로 나를 찾아와 서 계셨던 장면. 아무 말씀은 없으셨지만, 그 표정 속에 담긴 조용한 응시는 마치 마지막 인사 같았다.

지금 돌이켜 보면, 그것은 단순한 꿈이 아니었다.
"열심히 살아라."
그렇게 말씀하신 것만 같았다.

나는 끝내 찾아뵙지 않았지만, 할머니는 직접 나를 찾아오셨다. 손자가 바쁘다고, 귀찮다고, 얼굴도 안 보러 간다 해도. 그럼에도 마지막까지 조용히 다가오셔서, 인사를 건네고 떠나셨다.

그래서 이제 그 꿈은 내게 가장 따뜻한 기억으로 남아 있다. 내가 전하지 못한 사랑을, 되돌아볼 기회를 남겨준 유일한 순간. 언제 어디서든 할머니는 내 곁에 계셨다는 증거.

그리고 지금도, 가끔은 그 눈빛이 떠오른다. 마치 여전히 내 곁에서 조용히 웃고 계신 것처럼.

☙ 종교 ☙

윤달에는 세절밟기 해야지

　태어나면서 부모를 선택할 수 없듯이 아이의 종교는 자연히 정해진다. 우리 집은 특히나 할머니가 절에 가서 많이 빌었다. 아들 낳게 해 달라고. 엄마도 아들 대학 합격이나 취업 성공 등 불안한 큰일에는 여러 절을 돌아가면서 많이 빌었다. 그중 기억나는 절은 장유사, 팔공산, 은하사, 모은암이다. 윤달이 오면 도를 달리하는 세절밟기를 했다. 어릴 적부터 엄마 손 잡고 절에 많이 들렀다. 엄마의 생신은 음력 4월 8일, 석가탄신일이라 더욱 생각이 많이 난다. 이 세상에 안 계시지만 그때 함께했던 엄마와의 추억을 더듬어 본다.

　2~3년에 한 번 윤달이 있는 달이 다가왔다. 미리 엄마는 "윤달이니 세절밟기 하러 가야지."라고 이야기했다. 절에 가는 날은 기가 막히게 챙기셨다. 남편은 당연하다는 듯이 인터넷 검색으로 세절을 검색했다. 주로 안 가본 곳이나 경치가 좋았던 곳이나 역사가 깊거나 영험한 곳으로 고르느라 고생했을 것이다. 그때는 그게 당연한 듯 여겼었다.

엄마는 날을 정해서 "그날은 일찍 몇 시에 가자. 절에 갈 때는 아침 식사로 육식은 피해야 한다. 몸을 씻고 가서 복을 받아 와야 하는 준비"까지 꼭 우리에게 일렀다.

"일어났나?" 세절밟기 하러 가는 날에는 엄마가 전화로 깨웠다. 유독 늦잠을 자는 나 때문에 계획한 대로 바로 출발하긴 힘들었다. 함께 움직여 줬던 남편은 하루에 6시간 정도 운전하는 수고를 마다하지 않았다. 내비게이션이 없을 때는 지도를 보고 움직였다. 운전하면서도 선택한 절에 관해서 이야기도 해 줬다. 엄마는 사위가 운전해서 안 가봤던 절에 가는 걸 좋아하셨다. 위암 걸려서 항암치료 하고 있어도 이제는 더 가망이 없다고 할 때도 걸을 수 있으면 절에 가셨다. 처음 갔던 절은 관광지라 사람들도 많았고 경치도 좋았다. 엄마는 기와에 소원 적는 것을 즐기셨다. 온 가족의 이름을 다 적어놓고 뿌듯해하시는 모습. 그리고 아이들의 염주를 샀다. 남편은 유독 옆에서 돈 아깝다고 쓴소리를 했지만 개의치 않고 나도 한 장에 적었다.

점심은 주로 나물 비빔밥이다. 다음 절을 달려가야 하기 때문이다. 지역특산물로 만들어진 비빔밥에는 여러 종류의 나물이 있었다. 나는 무슨 나물인지 모르겠는데(주로 산나물이 많았다) 엄마는 "이거는 뭐고… 저거는 뭐고…." 얘기하면서 맛있게 먹었다. 집에서 먹는 거 말고 색다른 음식을 아주 맛있게 먹었다. 그리고 나오면서 커피믹스 한잔은 빼먹지 않았다. "우리 최 서방 때문에 이런 데도 다 와 보고…." 이야기를 꼭 했었다. 표정에 변화가 없는 남편은 이런 소리를 듣고는 싱긋이 웃었다.

다음 절은 역사가 아주 오래된 절이라고 했다. 골목골목 들어가서 주차했는데 매우 휑했다. 엄마는 성큼성큼 들어가 화장실 먼저 찾았다. 사람의 손길이 없었던 절이었는데 부처님상은 있었다. 엄마는 그곳에도 시주하고 절하고 나왔다. 음기가 유독 강했던 어둠침침한 절이었다. 남편은 "검색할 때는 안 이랬었는데……."라며 아쉬워했다. 오래전 올라와 있었던 정보였던 것 같았다. 사람들이 많이 다녔던 절은 화려하고 깨끗했고 경치도 좋았다. 이곳은 사람들이 오지 않으니 조만간 없어질 것 같았다.

차를 타고 김해로 오면서 엄마는 화장실 가고 싶어서 유독 힘들어하셨다. 고속도로에서도 옆길에 주차해서, 국도에서도 논길에 들어가서 볼일을 보기도 하셨다. 그러다가 바지를 다 버리기도 했다. "이제 세절 밟으러 못 다니겠다." 그게 마지막이었던 것 같다.

엄마랑 함께했던 세절밟기는 나의 마음에 남았다. 엄마 안 계신 지 9년이 다 되어 간다. 특히 올해는 윤달이 있다. 엄마가 "윤달에는 세절 밟기 해야지." 이야기하는 것 같다. 나는 대답을 한다. "별일 없으면 남편과 함께 세절밟기 할게요."

절에 가면 마음이 편안하고 위로를 받는다. 기와지붕에 매달린 풍경 소리도, 누군가 켜 놓은 향 내음새도 좋다. 삼배하고 방석 위에 앉아서 잠깐 눈 감는다. 엄마랑 함께했던 많은 시간 속에 절이 있다.

"나의 종교는 불교다. 엄마랑 함께했던 시간과 함께."

❁ 벽화 ❁

흥동 고양이벽화 탄생 기록

우리 동네는 옛날 주택과 나지막한 빌라가 어우러져 있는 곳이다. 꼬불꼬불한 골목길도 있지만, 새마을운동이 잘 진행되어서 골목 정비도 제법 잘되어 있다. 2017년 그려진 벽화가 흥동마을회관 앞에 있다. 그 벽화는 장유 행복한 맘 연구소와 자원봉사 한 작가님들과 함께했었다고 한다. 지역신문에도 소개가 되었다. 벽화가 있는 골목은 사진 찍어도 이쁘게 나왔다. 무엇보다도 캘리그라피 글귀도 마음에 와닿았다. 나도 동네에 벽화를 그리고 싶었다.

2022년 나의 기획으로 묘미 옆 흥동 골목에 고양이벽화를 그렸다. 기간은 7월부터 10월까지 약 4개월이 걸렸다.
'흥동에 고양이벽화를 그리자'는 생각이 조금씩 행동으로 이어지고 있었다.

길고양이 인식 개선을 목적으로 카페 묘미를 열었다. 통창으로 보면

묘미 옆집 벽이 특히 시커멓고 더러웠다. 옆 골목에 그리면 좋겠다는 생각을 했다. '그림 그려도 되는지' 골목길을 따라 거주하는 집주인들에게 허락을 먼저 받아놓았다.

벽화 그리기 전에 흰색과 여러 색을 섞어서 사용할 기본 페인트와 붓 등을 구매했다. 사정을 이야기하고 무료로 자원봉사 해 줄 선생님을 모집했다. 재미있겠다고 말하며 흔쾌히 수락해 주신 선생님들이 고마웠다. 그때쯤 남편이 정년퇴직해서 나에게 300만 원을 주었는데, 벽화 그리기 작업으로 쓰기로 했다.

2022년 7월 29일, 하필이면 폭염경보가 내린 날에 벽화를 그리기 시작했다. 남편과 몇몇 선생님들과 함께 벽에 흰색을 칠했다. 벽화 그리는 구간은 묘미 옆에서 미용실까지 걸어갈 수 있는 골목길이다. 집 일곱 군데 벽을 하얀 도화지로 만드는 시간은 하루 정도로 빨리 끝났다.

여러 선생님이 하얀 도화지로 만든 벽을 한 구역씩 맡았다. 저마다 고양이를 주인공으로 꽃 등을 연필로 스케치했다.

제일 큰 구역을 맡은 《길고양이 원정대》 저자 유영주 작가는 연꽃을 배경으로 다른 고양이들을 그렸다. 《수양일기》 저자 연하 작가는 골목길에 수양이를 주인공으로 꽃 그림을 그렸다. 그림을 전공하신 서은희 선생님은 작은 골목을 맡게 되었는데 여러 고양이를 환상적으로 아주 꼼꼼하게 작업해 주셨다. 디자인을 전공한 최혜연 님도 쉬는 시간마다 '고래 위에 올라탄 고양이' 등을 벽에 그렸다.

군데군데 자투리 벽을 맡은 선생님들은 시간 날 때마다 작업을 이어 주셨다. 그림을 그릴 재능이 없던 나는 선생님이 스케치를 해 주시면 정해진 색을 칠했었다.

그러다 산책 나온 동네 주민에게도 벽화 그리기를 요청했는데 흔쾌히 함께 작업해 주셨다. 동네 주민은 벚꽃이 날리는 나무 아래 장독대 위의 고양이를 그렸다. 자연스럽게 다가온 동네 주민은 고양이 캐릭터를 그려 주셨다. 학생 봉사자들은 만화 주인공 고양이 캐릭터를 그렸다.

자원봉사 하는 분들을 모집했지만 거의 아는 작가님들이라 부탁하는 수준이었다. 협조가 잘되어서 무사히 마칠 수 있었다. 다양한 고양이 그림과 여러 가지 꽃, 고래, 벤치, 가로등, 캐릭터 등을 그려 하얀 벽을 채웠다.

시간이 지날수록 끝나지 않을 것 같은 두려움이 생겼다. 평일에는 일하시고 주말에 그림 그리러 오시지만 갑자기 소나기가 내리면 작업을 할 수 없었다. 그냥 보내기가 아쉬워 커피 등을 먹으러 갔다. 작업하다 저녁이 되면 '감나무집뒷고기'에서 밥을 먹었다. 한 번씩 작가님께서 사긴 했지만, 나의 카드값은 계속 대출을 불렀다. 점점 벽은 그림으로 채워졌지만 내 지갑은 땅굴을 파고 있었다.

많은 우여곡절 끝에 마무리되었다. 그때의 땀과 눈물과 많은 분의 노력으로 흥동 고양이벽화가 완성되었다. 군데군데 여백 벽이 존재했지만, 내 옆, 마음에서 숨 쉬고 있다.

한 가지 덧붙이자면 흥동 고양이벽화가 텔레비전에 나왔다. EBS 〈한국기행〉에 《수양일기》 저자인 연하 작가와 함께 나도 나왔다. 정말 신기하게 공중파까지 타게 된 고양이벽화 마을 흥동!

25년 3월 16일
벽화의 수정은 이전 자국을 남기거나, 부수거나

기억은 오래된 도시의 벽화 같다. 처음엔 선이 또렷했는데, 비 한 번, 바람 한 번 맞다 보면 색이 빠지고 모서리가 닳아 흐릿해진다. 어떤 부분은 기적처럼 선명하게 남아 있고, 대부분은 "여기가 원래 뭐였더라?" 싶은 윤곽만 남긴 채 사라진다. 문제는 인간의 뇌가 그 빈칸을 못 본 척 못 한다는 거다. 알아서 색을 칠하고, 부족한 선을 긋고, 심지어 낙관까지 찍는다. 그러다 보면 사실보다 더 그럴듯한 '야심작'이 탄생한다.

내게도 그런 벽화가 있다. 추억 속 벽화 마을. 분명 '다녀왔다'는 도장만은 붉고 진하다. 그런데 세부는 안개 뒤로 몸을 숨긴다. 누구랑 갔나? 뭘 먹었나? 어디서 잤나? 질문을 던질 때마다 기억은 고개를 젓는다. 사진첩이라도 뒤져 볼까 했지만, 그날따라 사진도 없다. 혹은 너무 많이 찍어서 없는 것과 다름없다.

뇌는 여기서부터 창작을 시작한다. 같이 갔던 사람 후보군을 줄 세우고, 가능한 메뉴를 오디션 보며, '그랬을 법한' 동선을 시나리오처럼 짠다. 그런데 그게 참 위험하다. 상상이 어느새 "사실이 그랬어"로 승격되는 순간이 오거든. 그래서 나는 결심했다. 이번 기억은 '복원' 대신 '감상'만 하기로. 색을 덧칠하지 않고, 남은 질감만 손끝으로 더듬어 보기로.

그날의 첫 장면은 경사다. 다소 과장하자면, 골목의 각도가 내 허벅지에게 소송을 걸 만한 수준이었다. 발바닥은 자갈을 밟을 때마다 "아야"를 외쳤고, 종아리는 계단 두세 개마다 협상 결렬을 선언했다. 그래도 골목은 매번 새로운 장면을 꺼내 주었다. 벽에는 아이가 그린 것 같은 해와, 누군가의 할머니가 그렸을 법한 분홍 동백이 피어 있었다. 한쪽엔 미술 전공자의 '그림자 표현'이 괜히 있어 보였고, 다른 쪽엔 "여기서 사진 찍으면 예쁨"이라는 친절한 화살표가 있었다.

냄새도 기억난다. 페인트가 마르며 내뿜는 새것의 냄새, 오래된 담장에 스며든 습기, 골목 아래에서 올라오는 튀김 기름의 유혹. 골목은 좁고, 하늘은 가늘게 잘려 있었고, 바람은 의외로 부지런히 지나갔다. 어디선가 캔 커피 딸깍 소리가 나고, 유모차 바퀴가 자갈에 걸려 잠시 멈추는 소리, 그리고 관광객의 셀카 셔터가 연달아 터지는 소리. 나는 숨을 고르며 "여기 왜 이렇게 예쁘지."를 반복했다.

그 벽화와 골목의 자잘한 디테일은 슬슬 흐릿해지는데, 유난히 또렷한 한 장면이 있다. 거의 정상에 닿았을 때, 본능적으로 뒤를 돌아본 그 순간. 골목의 색채가 갑자기 끝나고, 시야가 '확' 열리며, 푸른 바다가 통째로 밀려 들어왔다. 햇빛에 물결이 반사되어 반짝였고, 지붕들이 계단식으로 겹겹이 내려가며 바다로 이어졌다. 그 대비가 어지러울 정도로 선명했다. 방금 전까지는 담장에 붙어 살던 내가, 갑자기 세상 가장 큰 스크린 앞 1열에 앉은 기분. 그때의 바람, 눈을 찌르던 반사광, 그리고 뜻밖의 침묵까지.

나머지는 흐린 채로 두기로 한다. 누구와, 무엇을, 어디서. 이런 문항은 시험지 위에 그대로 남겨 둔다. 답안을 억지로 써 넣다 보면, 이 아름다운 한 장면에 얼룩이 생길 것 같아서다. 완성된 벽화에 함부로 덧칠하지 않듯, 기억에도 무리한 복원을 시도하지 않기로 했다. 이 정도면 충분히 좋은 전시다.

돌이켜 보면, 마음이 따뜻해지는 데 과도한 정보는 필요 없다. 언덕의 각도나 페인트의 색상 번호, 동행인의 정확한 이름이 없어도 된다. 내게 남은 건 "숨이 찼다-뒤돌았다-바다가 열렸다-좋았다." 이 네 장면이면 족하다. 그 아래에 무수한 이야기들이 있었겠지만, 지금의 나는 그중 가장 밝은색 하나만 들고 집으로 돌아온다.

기억의 벽화는 오늘도 조금 더 바랠 것이다. 그래도 괜찮다. 가장 중요한 부분은 이미 진하게 눌러 써 두었으니까. 언덕 끝에서 뒤돌아본 그 바다. 내 안의 벽에, 영구 마커로.

❖ 비 ❖

엄마의 사랑이 담긴 양산

"비가 오면 제일 먼저 찾는 우산!"
비가 올 것이라는 예보가 있거나 장마철에는 우산이 소지품이 된다.

비가 오면 초등학교 시절에 엄마가 아끼던 양산이 떠오른다.

어릴 적 할머니와 부모님, 1남 4녀가 함께 살았다. 비가 오면 우산 8개가 필요했다. 아침에 비가 왔다가 오후에 그치기라도 한다면 우산이 없어져 버렸다. 그래서 그런지 그것은 계속 모자랐다. 비가 오면 이쁘고 고장 나지 않은 우산을 먼저 가져가려고 쟁탈전을 벌였다. 우리도 학교에서 안 가져오는 일도 많았던 것 같았다. 엄마는 언제나 말했다.

"우산 잃어버리지 마라. 잘 챙겨 온나……."

초등학교 때였을까? 일기예보와 다르게 갑자기 많은 비가 내렸던 날이었다. 그날따라 늦잠을 잤다. 언니와 동생들은 학교에 다 가고 나 혼자 덩그러니 집에 남았다. 비가 억수로 내렸다. 하나 있는 우산은 살이 부러진 너덜너덜한 것뿐이었다.

엄마는 비가 많이 오는데도 논에 다녀왔었다. 나 혼자 엉엉 울고 무언가를 찾아다니는 모습을 보곤.

"아직 학교 안 갔나?"

엄마가 오니 든든한 지원군이 생겼는지 더욱 엉엉 울면서 말했다.

"엄마! 우산이 없어서 학교 못 가겠다. 다 부서진 저 우산 못 쓴다……."

"가만히 있어 봐라…."

엄마는 급하게 장롱을 열어서 포장지에 싸여 있던 이쁜 양산을 꺼내 주었다. 핑크빛에 꽃무늬가 있었는데 손잡이에 반짝반짝 빛나는 액세서리가 달려 있었다.

덥석 그 양산을 집어 들어서 펴 보았다. 갑자기 주위가 환해졌다. 빨리 학교 가서 자랑하고 싶어졌다. 엄마는 다 부서진 우산을 쓰고 동네 어귀까지 따라왔다.

"잃어버리지 말고 잘 가져와야 한다."라면서 신신당부했다.

학교 마치고 동네 친구들과 걸어오면서 한껏 엄마의 이쁜 양산을 자랑했다. 애들이 이쁘다고 한번 쥐 봐 보라며 인기가 대단했었다. 집에 올 때 양산을 쓰고 왔던 것 같다. 그러고 흔들흔들 영국 영화에 나오는 공주처럼 사뿐사뿐 걸어서 집으로 왔다.

'보면 볼수록 이쁜 양산! 넌 어디서 왔니? 엄만 이 양산을 숨겨 놓고.'

그날 저녁, 논에서 온 엄마는 그 양산을 먼저 찾았다.

"양산에 달려 있던 것, 어디서 흘러뿠노? 같이 왔던 친구는 누구고? 함께 가보자? 어디로 걸어왔나?"

엄마와 나는 함께 걸어왔던 친구 집에 가서,

"혹시나 그 손잡이 봤나?"

물어보기도 하고, 걸어왔던 길을 다시 걸었다. 걸으면서 엄마에게 많은 소리를 들으며 머리를 쥐어박히기도 했다. 엄마의 소중했던 그 이쁜 양산! 반짝반짝하던 손잡이의 액세서리는 끝내 찾을 수가 없었다.

비가 오면 빗소리에 취해 마냥 좋았다.

그때 그 시절에 엄마가 장롱 구석에서 찾아주신 양산이 떠올랐다. 엄마가 내 옆에 없어서 더욱 소중해진다. 그 반짝반짝하던 액세서리가 달려 있던 양산은 엄마의 소중한 날에 쓰려고 했던 것 같았다. 특히 양산은 비 오는 날에 쓰면 안 되는 데도 엄마는 딸에게 우산으로 내어주었다. 엄마의 사랑이 담긴 양산은 영원히 내 기억 속에서 비와 함께 살아있을 것이다.

그 시절의 나에겐 위로가 내리곤 했다

마음이 답답할 땐 비추는 햇볕조차 부담스럽다. 나는 창문을 통해 쏟아지는 햇살을 바라보며 자주 그런 생각을 한다. 눈부신 빛이 나의 어둠을 들춰내는 것 같아 불편하다. 그렇기에 내려다보는 햇빛을 가리고 상처를 덮어주는 빗물이 항상 좋았다. 빗방울이 창문을 두드리는 소리는 나를 위한 작은 자장가, 그리고 위로 같다.

난 질풍노도의 폭발적인 사춘기였다기보단 담담한 사춘기였다. 감정의 파도가 일렁이는 대신, 잔잔한 호수처럼 고요했다. 때로는 그 고요함이 내 존재감마저 희미하게 만들었다. 있는지도 없는지도 모르게 누나의 그늘에 가려진 것 같은 세월이었다. 엄마 아빠의 행동도 다 누나에게 맞춰져 있었다.

우리 집의 중심은 언제나 누나였다. 누나의 말소리, 울음소리, 분노의 외침까지. 모든 것이 선명했고 강렬했다. 누나의 사춘기는 꽤나 폭발적이었고, 그 불꽃은 집안 곳곳을 태웠다. 부모님의 한숨, 끊이지 않는 전화벨 소리, 밤늦게 돌아오는 현관문 소리, 고함 소리까지. 모든 것이 누나를 중심으로 돌아갔다.

그 여파인지 잔불에 불과했던 내 사춘기는 그 영향으로 꺼져갔다.

나는 부모님과 누나의 전쟁 틈에서 조용히 방에서, 나의 세계에서 시간을 보냈다. 누나의 그림자가 너무 커서 그 아래 숨어버린 것 같았다. 하지만 이상하게도 그 어둠이 나를 편안하게 했다.

그때부터 밤, 흐린 날씨, 비가 내릴 것만 같은 날씨를 좋아했다. 어두운 공간이 편했고 뭔가 안정감이 있었다. 좁은 곳을 찾아 들어가는 고양이처럼 그렇게 지내왔다. 방 안에서 불을 끄고, 혼자 있는 공간, 이불 속의 어둠. 그런 공간에서 나는 비로소 숨을 쉴 수 있었다. 세상의 기대와 시선, 시끄러운 집구석에서 그나마 조용한 자신의 방, 온전히 나일 수 있는 공간. 그 시절부터 좋아한 게 빗소리와 글이었다.

빗소리는 내 마음의 백색소음이었다.
창문을 타고 흘러내리는 빗줄기를 바라보며, 나는 종종 내 감정도 그렇게 흘러내리길 바랐다. 억누르고 감춰둔 모든 것들이 빗물처럼 자연스럽게 흘러가길. 하지만 그건 늘 쉽지 않았다. 왜냐하면, 그 시절의 나는 사춘기였다. 아무리 약한 편이었어도 결국 사춘기는 사춘기였다. 세상 모든 것을 부정하지 못해도, 소심하게라도 고개를 저을 줄은 알았다. 내 감정도, 내 마음도, 심지어 가족조차도. 표현하지 않았을 뿐, 마음속에선 조용한 반항이 잔잔히 자라나고 있었다.

"너는 참 착하구나."
어른들이 종종 내게 하던 말이다. 그게 칭찬인지, 걱정인지, 그때도 분간하기 어려웠다. 나는 그저 얌전했다. 반항도, 요구도, 분노도 밖으로 드러내지 않았다. 착하다는 말은 당시엔 좋은 말처럼 들렸다. 하지만 지금 와서 돌아보면, 나는 너무 '착하려고 노력한' 사람이었다. 그 노력은 남에게 잘 보이기 위한 방패였고, 동시에 내 안을 점점 좁게 만드는 족쇄였다.

지금도 비가 오는 날이면, 나는 습관처럼 창가에 앉는다. 창문에 흐르는 물방울을 바라보다가 노트북을 펼친다. 햇살이 눈부신 날보다, 구름이 잔뜩 낀 하늘 아래에서 더 선명하게 떠오르는 상상과 내 마음의 풍경들. 그것을 글로 옮기는 순간만큼은, 나는 어떤 부족함에도 가려지지 않는다. 단어가 흘러내리고, 문장이 엮이는 순간, 나는 잠시라도 '완전한 나'가 된다.

대학에 들어가고 집을 나오면서, 비로소 숨통이 트였다. 가족의 그림자 아래가 아닌, 내 이름을 붙일 수 있는 작은 공간. 아무도 없는 원룸 방이었지만, 그곳은 내겐 무한한 가능성이 있는 세계였다. 책상을 내 마음대로 놓고, 음악을 원하는 만큼 크게 틀고, 가끔은 라면 냄새로 가득한 공기 속에서도 행복을 느꼈다. 그 자유로움은 사소했지만, 그 사소함이 엄청난 위로였다.

사람들이 묻는다.
"왜 그렇게 비 오는 날을 좋아해?"

대답은 언제나 같다. 사춘기 시절, 빗소리만이 나의 위로였기 때문이다. 창문을 타고 흐르던 빗줄기, 지붕을 두드리던 축축한 리듬은 나에게 특별했다. 마치 세상이 잠시 멈춘 듯, 고요한 평화를 가져다 주었다. 그 속에서만 나는 안정을 얻을 수 있었다.

오늘도 창밖에 빗방울이 떨어진다.

이제는 예전처럼 위로가 간절하지는 않다. 그래도 빗소리는 여전히 익숙하다. 오래된 친구처럼, 언제든 돌아와 마음을 어루만져 준다. 아마 나는 앞으로도 힘들 때마다 그 소리를 찾을 것이다. 세상 모든 위로가 사라진다 해도, 비는 늘 그 자리에서 나를 위로해 줄 것이기 때문이다.

❀ 안 된다 ❀

"된다."라는 말로 바꾸자! "안 된다."라는 말보다

 "안 된다."라는 말을 자주 쏟아내고 있다. 누군가 무슨 일을 하려고 이야기하면, 생각 없이 "안 된다."라고 답변 후 곰곰이 되짚어 본다. 부정적인 단어를 먼저 입에 올리고 살았다. 왜 그랬을까?

 어릴 적에 내가 하고 싶은 것은 딸이라서, 돈이 없어서 안 되는 것투성이였다. 미리 포기했고 억울했던 것도 참는 게 다였다. 가족 중에 누군가 하고 싶은 것을 한다면 다른 이는 그것을 할 수 없었다. 그만큼 여유가 없어서.

 난 1남 4녀 중 둘째 딸이다. '남아 선호' 사상이 가득 찬 할머니가 있었던 우리 집에선 딸들은 시집가면 아무 소용없는 존재였었다. 그게 그냥 싫었다. 당연히 돈 벌어서 하나 있는 아들 뒷바라지해 줘야 한다고 할머니는 이야기했다.

"공부 많이 해서 엄마처럼 농사짓고 살지 않겠다."라고 하던 언니는 대학 생활을 악착같이 매번 장학금으로 버티고 있었다. 그래도 생활비와 교재비 등이 들어가고 있어서 엄마는 힘들어했다.

착하다고 소문난 둘째인 나는 미리 대학 포기를 선언했다. 고등학교 졸업 후 취직해 집안 살림에 보탰다. 언니가 나에게 넌지시 말했다. "매월 1만 원이라도 정기적으로 주면 좋겠다." 나는 바로 "안 된다."라고 거절했다. 언니의 대학생이라는 딱지가 너무 부러워서 심통을 부렸었다. 월급 받으면 엄마에게 다 주고 있어서 여윳돈도 없었다.

1년 동안 직장 생활을 했던 나는 대학에 가고 싶었다. "야간대학이라도 가겠다." 하고 선언했다. 할머니는 또 "안 된다."라고 반대했다. 어른들이 뿌듯해하는 동사무소에 일용직으로 다녔던 나는 직장에 3일 정도 나가지 않았다. 그래서 더욱 허락이 빨랐던 것 같다.

20살! 꿈에 그리던 대학 생활을 하게 되었다. 주경야독이라 힘들었지만 뭔가 뿌듯하고 대견했다. 그때는 전공과 무관하게 그냥 대학생이라는 말이 듣기가 좋았다. 열심히 공부해서 장학금 받고 다니려고 했지만 쉽지 않았다.

학교에 빠지지 않고 다니는 것도 힘들었으니. 퇴근 시간이면 주례 쪽에서 언제나 차가 막혀서, 학교에 가면 거의 1시간 30분 늦게 도착했다. 그 시간에 담당 교수가 일하고 오는 나의 처지를 고려해 주셔서 도착만 하면 출석시켜 주었다. 심지어 담당 교수가 "일하고 다른 데 가지 않고 공부하러 왔다."라면서 박수까지 쳐 주었다.

퇴근 시간에 5일을 김해에서 부산까지 버스 타고 다니기는 쉽지 않았다. 잠이 모자라서 좌석에 앉기만 하면 버스 창문에 머리가 부딪쳤다. '하고 싶어서' 하는 수고는 '힘들어도 나를 성장시켜 주는 밑거름'이 되었다.

"안 된다."라는 부정적인 말을 누구한테 듣더라도 자기의 인생을 개척하는 건 본인 몫이다. 뭔가 해낼 수 있다는 마음가짐을 먼저 가져야겠다. "안 되면 되게 하라." 조심스레 "하면 안 될까?"라고 묻는 이가 있으면 "된다."라는 말을 먼저 해 주어야겠다. "안 된다."라는 말보다. 아무 생각 없이 "안 된다."라고 말하는 습관을 바꾸어야겠다.

25년 5월 4일

안 된다는 말로 자란 아이

나는 어릴 때부터 '안 돼'를 참 많이 듣고 자랐다.
이쯤 되면 말버릇 수준이 아니라 생활 소음이었다.
무슨 말을 꺼내기만 하면 "안 돼."

정말 뭘 해보기도 전에 이미 결론은 정해져 있었다.

기본적인 하루 루틴은 정해져 있었다.

학교 갔다가, 집. 끝.

중간에 조금 늦는다? 안 돼.

친구네 집? 안 돼.

군것질? 당연히 안 되고.

PC방은 아예 상상도 하지 말라고 했다. 용돈도 적었다.

나는 평범하게 놀고 싶었을 뿐인데,

그게 꼭 큰 죄처럼 느껴지던 시절이었다.

친구들과 웃고 떠들고 있어도,

머릿속엔 늘 울리던 멘트가 있었다.

"지금 어딨어? 빨리 와."

전화 한 통이면 바로 복귀.

내가 무슨 군인도 아니고, 작전 중 귀환하라는 듯한 분위기였다.

덕분에 내 존재는 항상 잠깐 등장하는 느낌이었다.

있긴 있는데 금방 사라짐의 정석.

친구들이 뭐 하나 하려고 하면,

"야 걔 벌써 갔어."

"또 집?"

이런 식으로 마무리되는 게 일상이었다.

고등학교 때 친구들과 캠프를 가기로 했던 일도 생각난다.

너무 가고 싶어서 약속부터 잡아놓고,

뒤늦게 부모님께 말을 꺼냈다.

나도 안 될 걸 알면서 말한 거였다.

그냥 혹시나 했던 거다.

결과는 예상대로.

"안 돼."

단호했다.

나는 친구들에게 미안하다며 하나하나 연락했다.

가기로 해놓고 못 간다는 말이 참 어려웠다.

친구들은 괜찮다고 했지만,

그날 밤 괜히 혼자서 좀 서럽고 울적했던 기억이 난다.

그때 느꼈다.

우리 집에서 무언가를 하고 싶으면

먼저 기대하지 말 것.

컴퓨터를 처음 접했을 때,

그건 말 그대로 희망의 창이었다.

인터넷? 세상이랑 연결되는 마법 같은 거였다. 밖에도 못 나가는데 컴퓨터가 얼마나 재미있었겠는가.

그런데 우리 집 컴퓨터는 그 희망의 창이 아니라,

거실 한복판, 식탁보다 더 눈에 띄는 자리에 떡하니 있었다.

무슨 컴퓨터가 아니라 거실용 감시 장비였다.

사용법도 간단하지 않았다.

먼저 시간 협상부터 해야 했다.

"엄마, 나 오늘은 좀 하게 해줘. 숙제 다 했어."

"그래. 한 시간만."

(사실 숙제는 안 했지만…)

그 한 시간은 진짜 60분이었다.

체감상 15분인데

시계는 정확하게 돌아갔다.

문제는 그 뒤에 앉아 있는 엄마다.

소리 없이 무표정하게,

하지만 확실하게 존재감을 풍기며 내 뒤통수를 보고 있었다.

마우스를 쥐고도 손에 땀이 났다.

게임은 이겨도 이긴 게 아니었다.

끝나면 늘 그 말.

"한 시간 다 됐네."

"엄마, 한 판만 더… 지금 이기고 있단 말이야…."

"꺼."

그 말에 게임보다 더 빠르게

컴퓨터 전원을 끄는 건 내 일이었다.

게임을 한 건지 눈치 게임을 한 건지 모르겠다.

그 반발심인지 부모님이 안 계시면 항상 컴퓨터를 했던 것 같다.

그렇다고 내가 그 빈 시간에 열심히 공부를 했느냐?

절대 아니다.

성적은 딱 중하위권.

한마디로 컴퓨터 시간 '연장권' 따긴 어려운 위치였다.

"성적 올리면 30분 더 줄게."

이 말이 희망이긴 했지만,

현실은 늘 거기서 거기.

결국 나는 무기한 한 시간 사용자였다.

그런 내 인생에 진짜 변수가 하나 있었다.

바로 누나다.

누나는 집안에서 유일하게

'허락'이란 단어를 무시해도 되는 사람이었다.

어릴 땐 나처럼 통제받았지만,

어느 순간부터 규칙을 넘었다.

엄마랑 티격태격하다가도

그냥 나가고,

하루 지나면 돌아오고,

또 나가고, 또 돌아오고….

거의 호텔방처럼 잠만 자는 곳처럼 이용했다.

나는 늘 그걸 옆에서 조용히 지켜봤다.

그리고 어느 날 엄마가

한숨을 길게 쉬며 말했다.

"아휴, 쟤 어쩌려고 저러는지 몰라."

그 순간 나는 알았다.

누나는 '허가제 인생'에서 드디어 면제되었구나.

그 이후로 누나는

늦게 들어와도 대충 넘어갔다.

반면 나는 여전히,

"몇 시야? 컴퓨터 그만하고. 숙제 다 했어?"

"누나도 놀러 갔는데…."

"걔는 걔고 너는 너야."

이 무적의 논리에

나는 늘 입을 다물 수밖에 없었다.

같은 집, 같은 부모 밑인데,

왜 난 감시를 받고,

누나는 자유를 누릴까. 누나는 아니었다고 하겠지만 그때의 내가 보기엔 그랬다. 아무튼,

그건 아마도,

내가 한 번도 사고를 치지 않았기 때문일지도 모른다.

얌전히 살아온 대가는,

항상 허락을 받는 인생이었다.

누나는 자유를 얻었고,

나는… 그 빈자리를 채우는 보충용 인간이 되었다.

"누나가 저러니, 너라도 정신 차려야지."

누나가 자유를 만끽할수록,

나는 자동으로 가정의 마지막 희망으로 낙점되었다.

그래서 갑자기 공부를 열심히 해야 했고.

뭐든 '조용한 착한 아이'처럼 행동해야 했다.

그렇다고 내가 뭔가를 잘했냐고?

아니다.

시험은 망했고,

컴퓨터는 여전히 엄마를 등 뒤에 두고 조마조마하게 써야 했고,

친구들과의 추억은 여전히 없었다.

나는 성실하게 중하위권과 소심함과 눈치만 쌓아갔다.

반면, 누나는 점점 더 자유로워졌다.

자정 넘어서도 친구를 만나고,

엄마랑 티격태격하면서도 끝은 늘 '원래 그런 애'였다.

타지로 대학을 가면서 더욱 그래 보였다.

어찌 보면, 싸우면서도,

집안의 한 구성원으로 확고하게 자리 잡은 느낌이랄까.

그걸 보고 있자니 나는 혼자 생각하게 됐다.

"아, 우리 집은 누나는 되고, 나는 안 되는 구조구나."

한번은 진짜 억울해서 엄마한테 물었던 것도 같다.

"왜 나는 안 되고 누나는 돼?"

엄마는 눈 하나 깜빡이지 않고 말했다.

"누나는 원래 저러잖아."

…나도 원래 이런 애 아니었거든요?

결국 나는 그렇게 살았다.

뭔가를 하려면 일단 "안 돼."부터 듣는 인생.

무언가를 하려 해도 항상 머릿속에 떠오르는 질문.

'이거… 돼?'

된다 안 된다 이전에 허락받지 않으면 시작이 안 되는 사람이 되어 있었다.

친구들과 어른이 돼서 술자리를 가지면,

누군가 툭 하고 말한다.

"야, 넌 맨날 집 갔잖아."

"걔는 우리랑 캠핑도 못 갔지."

"PC방도 금지였지?"

나는 웃으며 고개를 끄덕인다.

맞아, 그땐 나도 진짜 가고 싶었어.

진심이었는데, 아무도 몰랐겠지.

멀뚱히 잔만 들어 홀짝이면서,

"그때 못 가서 미안해."

라고 말할 뿐이다.

그리고 지금.

나도 다 컸고, 어엿한 성인이 되었고,

무언가를 해도 되는 나이가 되었는데도,

어쩔 때는 가슴속에서

그 목소리가 울린다.

"안 돼."
아무도 말하지 않는데도.
어릴 때 들었던 그 익숙한 톤.
브레이크처럼 뇌를 누르고,
자꾸 괜히 멈칫하게 만든다.

생각해 보면,
누나보다 나는 더 착하게 자랐고,
더 조용히 살았으며,
결과적으로는 더 신중한 사람이 됐지만,
그만큼 겁도 많은 어른이 되었다.

물론, 지금은 안다.
그 시절은 지나갔고,
이젠 내가 나에게 허락을 내리는 사람이라는 걸. 그리고 그 허락은
여전히 쉽지 않다.

❀ 사람 ❀

사람 냄새 나는 사람

50년 넘게 살고 있어도 사람이 제일 힘들다. 혼자 있는 시간이 편하다. 말재주가 없으니 더욱 그랬다. '말도 계속해야 늘지.' 지금 생각하면 '계속 많은 사람을 만나고 대화 나누는 것도 그냥 해 볼걸' 하는 후회도 든다.

30대 중반이었을까? 공무원을 그만두고 마트에서 일한 적이 있었다. 처음 해 보는 마트 판매원 일이었다. 색채 감각이 없고, 옷을 어디에 뒀는지 기억을 못 하고 말소리도 적어서 인사를 하는 것도 어려웠다. 특히 점주가 옆에 있으면 목소리가 더 작아졌다. 하루하루 시간이 지나면서 조금씩은 나아졌다.

내가 일하는 매장 옆에서 일했던 언니가 이런 나를 눈여겨보았다. 손님이 없을 땐 날 불러서 매대 밑에 쪼그리고 앉아서 커피믹스를 마셨다. 잠깐이었지만 언니는 이런저런 얘기를 해 주었다. 언니는 내가 언제 근무하는지도 물어보고 되도록 같은 날에 근무하려고 맞추는 것 같았다. 직장에서 함께 점심도 먹고 함께 쉬었다. 괜히 마음에 위안이 되었다.

1년 2개월쯤 일했을까? 그 매장이 다른 분에게 넘어가면서 나는 그만두게 되었다. 종종 매장에 놀러 가서 언니랑 놀았다. 이런저런 얘기도 많이 나눴다. 사람을 매우 편하게 해 주는 분이었다.

언니도 그 매장을 그만두고 회사로 옮긴다는 얘기를 들었다. 그러면서 한 번씩 카톡으로 안부를 묻고 그렇게 지냈다. 소식이 궁금하기도 했다. 시간 날 때마다 언니 카톡 프로필을 들여다봤다. 다정한 가족사진이 다였다. 어디서든 언니가 잘 지내길 바랐다.

몇 달 전에 언니는 친구들과 함께 책방에 놀러 왔다. 혼자 온 건 아니지만 매우 반가웠다. 가족 소식을 서로 전했다. 웃으면서 옛날얘기를 했다. 친구들에게도 내 얘기를 많이 한 것 같았다. 그렇게 좋은 모습만 기억해 주는 언니였다.

그렇게 몇 달이 또 흘렀지만, 언니는 어제 본 사람처럼 카톡을 다정히 보낸다. 아무것도 바라지 않고 그것으로 다인 언니가 건강하게 잘 지내면 좋겠다. 사람 냄새 나는 사람은 바로 그 언니다. 피로 얽히지 않았지만 끈끈한 사람 같은 사람.

50대 중반, 뒤돌아보면 내 옆으로 많은 사람이 스쳐 지나갔다. 일일이 기억하려고 애쓰지도 않는다. 사람 얼굴과 이름이 함께 외워지지 않는다. 안면이 있는데 누구인지도 기억이 나질 않는다. 특히 눈이 나빠서 멀리 있는 사람은.

나는 어떤 사람일까? 요즘 이런저런 활동을 하면서 많은 사람을 만나고 있다. 어떤 사람은 이래서 좋고 어떤 사람은 저래서 힘들다. 내가 좋아하는 사람으로 만들 수는 없다. 그래도 나를 편안하게 해 주는 사람. 애쓰지 않아도 알아주는 사람이 넘쳐나면 좋겠다.

"사람 냄새 나는 사람들이 세상 적재적소에서 빛나고 있길…"

25년 3월 9일

그때의 친구들이 이따금 감사하다

손가락 끝이 아릿하다.

그때의 감각은 지금도 아주 선명하다. 기타 줄이 얇고 차갑게 손끝을 파고들던 그 느낌. 처음에는 단순히 아픈 거라고만 생각했는데, 시간이 지나면서 알게 되었다. 배움이란 건 다 그렇다. 몸에 흔적이 남을 정도로, 고통이 따라야만 겨우 조금씩 익숙해진다는 걸. 쉽게 손에 잡히는 건 없었다. 나는 그 당연한 사실을 그때 처음으로 몸으로 배웠다.

불협화음이 가득한 연습실.

코드 하나 제대로 잡지 못해 삐빅거리던 소리들. 손가락은 서툴게 줄을 튕기고, 프렛 위를 더듬으며 어설프게 옮겨 다녔다. 모든 동작이 낯설었다. 내 손인데도 낯선 기계처럼 삐걱거렸다. 그런데도 나는 이상하게 포기하지 않았다. '실수해도 괜찮다, 넘어져도 된다'라고 스스로를 타일렀다. 그 말이 없었더라면 진작 놓아버렸을 것이다.

지금 이렇게 글을 쓰고 있는 순간에도, 그 시절의 나는 참 대견하다. 아무것도 없던 몸뚱이 하나로, 그래도 무언가를 배우겠다고 버둥거리던 모습. 기억은 점점 흐려졌지만, 열정만큼은 아직도 손끝처럼 또렷하다.

기타와의 인연은 중학교 밴드 동아리에서 시작되었다.

지금은 이름도 얼굴도 흐릿해진 동창들. 다만 그들과 함께 있었다는 사실만큼은 유난히 선명하다. 당시의 우리는 그냥 서로 웃고 떠들며 어울리는 친구들이었는데, 지금 생각하면 그 시간이 내 삶을 바꾼 작은 출발점이었다.

사실 처음부터 대단한 계기는 아니었다. 기타 줄 한번 만져본 적 없는 내게, 그들은 새 세계를 열어줬다고 할 수도 있겠지만… 엄밀히 말하면 그냥 기타 하나 더 필요해서 나를 끌어들인 거였다. 지금 떠올리면 코미디다. 악보도 읽을 줄 모르는 애를 기타리스트로 앉히다니. 하지만 그런 어설픈 우연이 내 인생의 전환점이 되었다.

기존 밴드부가 선배들 졸업과 함께 사라지면서, 우리는 새로운 밴드를 꾸렸다.

멤버는 딱 다섯. 베이스 한 명, 기타 한 명, 드럼 한 명, 보컬 한 명, 그리고 자리를 채우기 위해 들어간 내가 있었다. 말 그대로 겨우 필요한 인원수를 맞춘, 아슬아슬한 동아리였다. 시작은 그렇게 가볍고 즉흥적이었는데, 이상하게도 그곳에서 배운 감각과 열정은 아직도 내 안에 남아 있다.

돌이켜 보면 그 시절은 부족함투성이였다. 악보는 종이 위의 암호 같았고, 코드 하나 잡는 것도 손가락이 굳어버릴 만큼 어려웠다. 그런데도 이상하게 재미있었다. 실패하고 틀리고, 옆자리 친구한테 놀림도 받았지만, 그 순간마다 내 안에서 작은 엔진이 윙윙 돌기 시작했다. 서툴러도 괜찮았다. 중요한 건 '같이한다'는 사실 하나였다.

그러던 어느 날, 학교 축제 무대에 서야 한다는 소식이 들려왔다.

평소 같았으면 '됐어, 나 빼' 하고 도망쳤을 거다. 나는 앞에 나서는 걸 좋아하지 않았으니까. 그런데 이상하게도 이번에는 달랐다. 망신을 당할지도 모른다는 두려움보다 '차라리 잘해야 한다'는 오기가 먼저 올라왔다.

그때부터 우리의 일상은 달라졌다. 쉬는 시간마다 악기를 붙잡았고, 점심시간에도 합주실에서 악을 쓰듯 소리를 냈다. 방과 후는 당연히 연습 시간이었고, 집에 가서도 기타를 손에서 놓지 않았다. 손끝은 점점 무뎌지고 굳은살이 박였다. 줄에 베여 피가 맺히기도 했는데, 그마저도 웃으며 말했다.

"아프네. 그래도 괜찮아."

그렇게 또 기타를 집어 들었다.

첫 무대의 기억은 지금도 생생하다. 무대 뒤, 텅 빈 복도에서 나는 기타를 부여잡고 덜덜 떨고 있었다. 목은 바짝 말라서 물을 마셔도 갈증이 해소되지 않았고, 손바닥은 식은땀으로 미끄러웠다. 친구들은 서로 어깨를 툭툭 치며 격려했는데, 웃음기 없는 얼굴 속에는 모두 같은 마음이 숨어 있었다.

"우리, 제발 망치지 말자."

커튼이 열리고 조명이 쏟아졌다. 순간 귀가 먹먹해졌다. 관중석의 소리인지 내 심장의 박동인지 구분도 안 갔다. 그리고 음악이 시작되자, 몸은 신기할 정도로 저절로 움직였다. 연습했던 동작들이 하나둘 기억나면서 손가락이 줄을 타고 움직였다. 중간에 실수를 몇 번 했지만, 아무도 눈치채지 못한 것 같았다. 관객의 함성은 오히려 그 실수를 삼켜 주었다.

그때 나는 무슨 생각을 했을까.

사실 잘 기억나지 않는다. 머릿속은 텅 비어 있었고, 몸이 먼저 반응했다. 오직 연습했던 대로만 움직였다. 눈앞에 있는 건 기타 줄, 손끝에 전해지는 미세한 떨림, 그 외에는 아무것도 보이지 않았다. 세상은 좁아지고, 나와 기타만 남았다.

연주가 끝났을 때, 커튼이 닫히는 순간이 아직도 생생하다. 어둠이 내려앉는 듯했는데, 오히려 세상이 환해졌다. 무대를 덮었던 긴장감이 풀리자, 온몸이 얼어붙은 채 웃음이 터져 나왔다. 그리고 들려왔다. 우렁찬 박수 소리, 함성. 친구들이 서로를 껴안고 '해냈다'는 눈빛을 주고받았다. 나도 그 순간만큼은 웃을 수 있었다. 기가 막히게도, 정말로 우리가 해낸 것이었다.

살면서 처음 느껴 보는 성취감이었다. 시험을 잘 본 것도, 누군가에게 칭찬받은 것도 아니었다. 단지 땀 흘리며 준비한 무대를 무사히 끝냈다는 사실 하나가 내 가슴을 터지게 만들었다. 성취라는 건 이렇게 단순하면서도 강렬한 것이구나, 그때 처음 알았다.

그날 이후 기타는 내 일부가 되었다.

방과 후엔 자연스럽게 연습실로 발걸음이 향했다. 친구들과 장난치며 맞췄던 곡, 새로운 곡을 배우며 헤맸던 기억. 주말에도 손에서 기타를 놓지 않았다. 퀴퀴한 연습실 냄새조차 익숙하고 편했다. 친구들이 떠드는 소리와 현이 울리는 소리가 섞여, 나만의 작은 세계를 만들었다.

시간이 지나자 손가락 끝에 굳은살이 생겼다. 처음엔 아팠지만, 어느 순간 아프지 않았다. 줄을 눌러도 통증보다 소리가 더 크게 다가왔다. 그때 알았다.

"이제 진짜 조금은 내 것이 되었구나."

기타를 통해 배운 건 단순히 음악이 아니었다. 인내, 끈기, 열정, 그리고 서툰 실수를 두려워하지 않는 법. 연습 중에 틀려도 괜찮았다. 공연 중에 삐끗해도 괜찮았다. 중요한 건 멈추지 않는 것이었다. 반복하다 보면 언젠가는 손에 익는다는 단순하지만 깊은 진리를 그때 배웠다.

지금도 가끔 기타를 보면 설렌다.

친구들과 나눴던 장난, 방구석 연습실의 답답한 공기, 무대 위에서 다리가 덜덜 떨리던 순간, 그리고 연주 후에 흘러내리던 땀과 웃음. 모든 순간이 여전히 내 안에 살아 있다. 손가락 끝의 굳은살은 사라졌지만, 그 경험은 지워지지 않았다.

그래서 지금도 종종 생각한다. 기타를 다시 잡아 볼까. 예전처럼 능숙하게 치지 못해도 상관없다. 못 치면 어떤가. 처음부터 다시 시작하면 된다. 한 음, 한 코드씩 천천히.

성장은 결국 그런 것 같다.

거창한 곳에서 시작되는 게 아니라, 손끝에서부터, 아주 사소한 반복에서부터. 그렇게 차곡차곡 쌓이는 것. 내가 그때 배운 건, 지금도 여전히 내 삶을 붙드는 가장 중요한 힘이다.

☙ 산불 ☙

산불은 인재(人災)

　"봄 불은 여우 불이라."
　라는 속담이 있다. 인터넷에는 '봄에는 날씨가 건조하고 새싹이 나기 전이라 불이 나기 쉽다.'라는 뜻이다. 실지로 봄철에 크고 작은 산불이 연이어 발생하는 경우가 많다.

　2025년 3월! 우리나라에 산불이 여기저기서 났다. 문제는 꺼지지 않고 다른 지역으로 옮겨붙었다. 이 글을 쓰는 "지금도 지리산 근처에서 잔불이 다시 살아났다"라고 한다.

　봄이 와서 벚꽃 볼 마음으로 있는 순간에 2025년 3월 21일 의성! 매스컴에서 우연히 산불 소식을 접했다. '조만간 꺼지겠지' 대수롭지 않게 생각했다. 밤이 되어도 주불이 잡히지 않았고 인근 주민의 대피 소식까지 있었다.

3월 22일, 내가 사는 김해에서도 산불이 났다고 한다. 그날 불은 꺼지지 않았다. 6일 동안 다른 지역으로 옮겨붙었고 잔불 정리까지 다 했지만, 강풍으로 다시 살아나서 기간이 더 걸렸던 것 같다. 3월 27일, 그날 잔불 정리까지 마쳐서 김해 산불은 마무리가 되었다.

그중 동물 피해는 더욱더 마음을 아프게 했다. '묶여 있어서, 갇혀 있어서.' 생각만 해도 끔찍한 소식! 사람만 피난 가지 말고, 동물을 데리고 가지 못하더라도 자유롭게 해 줬으면 좋겠다. 동물과 함께 피난할 수 있는 시설도 마련이 되어야 한다. 반려동물과 함께 있는 국민을 위해서 발 빠르게 만들어져야 한다.

우리 집은 산과 인접해 있어서 재난 지역으로 되어 있다. 정부에서 매년 보험도 들어 주고 있다. 비가 많이 오면 산사태 지역이라고 피난을 하라고 한다. 피난 장소는 마을회관이지만 숙박 시설을 지정해 주기도 한다. 친척 집 등 다른 곳으로 피난하면 숙박 요금의 50%와 1식 밥값도 지원해 준다. 하지만 우리 집에도 동물 가족이 있다. 고양이 2마리, 강아지 3마리와 함께 살고 있다. 급하면 그냥 풀어 줘야지. 재난 시나리오를 준비해야겠다.

SNS상 피해 지역에 대피 명령이 내려졌는데 가족들은 다 피난을 보내고 할아버지 혼자서 불과 사투를 벌였다고 한다. 할머니는 눈물을 흘리며 발을 동동 구르고 있었고 아들은 아버지 찾으러 갔는데, 함께 물을 뿌리면서 방화선 구축을 했다는 영웅담이 나오고 있다. '우리 집은 내가 지키고 싶다'라는 시나리오를 생각해 봐야겠다.

역대급 수준의 산불로 사건, 사고 소식도 들리고 있다. 대한민국은 산불 몸살을 앓고 있다. 그중 지리산 국립공원이 타고 있어서 속상하다. 한비야 님의 《바람의 딸, 우리 땅에 서다》 작품을 읽어 보면 지리산 국립공원에서 불조심을 위해서 얼마나 큰 노력을 하고 있는지를 알 수 있었다. 다른 곳에서 불이 나서 지리산으로 옮겨붙어 속수무책이었을 것이다.

"봄 불은 여우 불이라." 속담을 잊지 말자.

25년 3월 30일
잔불은 남아 상처가 된다

열흘째 하늘은 잿빛이었다. 공기청정기는 출근과 동시에 사표를 냈고, 빨래는 베란다에서 훈제 향을 익혔다. 대한민국 중부 산맥을 덮은 검은 연기는 도시를 통째로 훈제하려고 넣어버린 듯했다. 한때 푸르렀던 산봉우리는 검붉은 불꽃에 휩싸여 신음했고, 나는 하루 종일 유튜브만 틀어놓고 이를 갈았다. 모든 것은 한 사람, 한 가족의 "괜찮아, 금방"에서 시작됐다. 인류가 가장 자주 내뱉는 실패의 주문 말이다.

봄, 건조주의보에 꽃샘추위까지. 칼바람은 솔잎 사이를 훑고 지나가며 수분을 가져갔다. 산은 며칠 새 완벽한 불쏘시개로 진화했고, 그 타이밍에 성묘 온 가족 하나가 말했다.

"괜찮아. 금방 끄고 갈 거야. 쓰레기만 태우고 가면 돼. 이걸 언제 들고 가니."

…네, 금방은 늘 금방이 아니고, 쓰레기는 불에 태우는 순간 더 비싼 쓰레기가 된다. 작은 불씨 하나가 바람을 타고 마른 풀로 떨어지는 건 과학이다. 순식간에 불길이 치솟고 사방으로 번지는 걸 보고, 그 가족은 수습도 잊고 줄행랑. 이장님께 붙잡혀 119 신고가 들어갈 즈음엔 이미 산이 불을 삼키고 있었다.

바람이 한번 휙 불면 여기저기서 불기둥이 솟았다. 산은 거대한 화롯대가 되었고, 사람들은 댓글로 "아니 저걸 왜, 거기서 왜!"를 외치며 원격 분노 운동을 했다. 나도 그랬다. 하지만 동시에 자조도 했다. 제발. 산은 캠핑장도, 화덕도 아니다.

불길은 잡힐 생각이 없었다. 소방관들은 열흘째 제대로 눕지도 못하고 산을 올랐다. 눈 밑은 시커멓게 꺼졌고, 방독면 자국은 얼굴에 깊게 새겨졌다. 2시간 쪽잠, 식은 김밥 반 줄, 미지근한 물 한 병. 무릎의 흙을 털고 다시 화마 속으로 들어가는 사람들. "영웅"이라는 단어는 이렇게 쓰라고 있는 건데, 우리는 평소엔 그 단어를 드물게 쓰고, 이런 날에만 몰아서 쓴다. 미안하고, 고맙고, 또 미안하다.

바람은 거세졌고, 물을 아무리 퍼부어도 자연이라는 것을 이길 수는 없었다. 산중턱에선 산림청 직원과 군인들이 방화선을 내며 흙을 퍼 올렸다. 삽날이 돌에 부딪히는 소리가 튕겨 나갔고, 그을음 섞인 땀방울이 턱끝에서 떨어졌다. 멀리서 헬기 소리가 웅- 하고 깔리더니, 물주머니가 불길 바로 위에서 입을 열었다. 조종사들은 불길을 바로 위에서 바라보며 이를 악물었다. 이미 한 동료가 화마 제압 임무 수행 중 목숨을 잃었다. 분노와 슬픔이 연료가 되어, 그들은 더 낮게, 더 가까이 들어갔다. 커다란 수증기가 치솟고 불이 잠깐 숨을 고르는 사이, 또 다른 헬기가 뒤따랐다. 하늘은 그들의 땀으로 젖었다.

대피소엔 이불 더미와 간이침대, 플라스틱 컵이 어지러이 놓였다. 사람들은 눈꺼풀이 붓도록 울거나, 입술을 깨물며 울지 않으려 애썼다. 평생 일군 집터, 사진첩, 추억, 반려동물. 모두 두고 왔다. 어떤 상실은 말로 다 되지 않는다. 한 구석에서 아이가 울음을 터뜨렸고, 어머니는 아이를 끌어안은 채 등을 토닥였다. "괜찮아."라고 말하면서 자신은 울었다. 강한 척은 오래 못 간다. 울음은 결국 길을 찾아 돌아온다.

나는 폰을 들고 혼자 중얼거렸다. "불씨 하나가 뭐 얼마나 한다고…."라고. 그리고 나 자신을 향해서도 욕을 했다. 우리 모두, 가끔은 '금방'을 믿고, '조금만'을 과신한다. 쓰레기 하나쯤, 불씨 하나쯤. 그

'쯤'이 산을 태운다.

그러니, 그날 산에 불씨를 던진 분께 그리고 미래의 누군가에게 마음을 다해, 예의를 갖춰, 전 국민의 감정을 담아 한마디만 하겠다.
하지 마. 제발.
성묘엔 성의만, 쓰레기는 봉투에, 불멍은 화면으로.

소방관의 쪽잠을 갉아먹는 불, 조종사의 목숨을 삼키는 열기, 방화선을 파는 손에 물집을 돋게 한다. 그 모든 비용을 "괜찮아, 금방"으로 결제할 수는 없다. 자연은 영수증을 천천히, 그러나 잔혹하게 끊는다. 우리가 할 수 있는 일은 단순하고도 무겁다. 불을 내지 않는 것. 그리고 불이 났을 땐 책임을 피하지 않는 것. 도망치지 않고, 바로 신고하고, 가능한 한 도움을 요청하는 것. 최소한의 상식이 자연의 영수증보다 싸다.

밤이 되자 불길은 더 또렷해졌다. 낮엔 연기 속에 숨어 있던 화마가, 어둠을 배경 삼아 산 전체를 거대한 모닥불처럼 만들었다. 소방관들은 밤새 오르내리며 불과 싸웠지만, 바람은 시간 약속이라도 한 듯 방향을 바꾸며 거세게 달려들었다. 불티는 능선을 넘어 마을 지붕을 건드리고, 지붕 위의 불은 다시 골목을 타고 내려왔다.

아침이 오고서야 참담한 풍경이 제대로 드러났다. 한때 울창했던 숲은 검은 잿더미로 변해 있었고, 군데군데 타다 남은 나무가 앙상한 손가락처럼 하늘을 짚고 있었다. 산비탈을 따라 흘러내린 재는 마을로 이어진 길 위에 어두운 물길을 만들었다. 그것은 누군가의 죽음을 전하는 공문서 같기도, 어떤 한 생명의 눈물자국 같기도 했다. 불길이 스쳐 지나간 집들 사이에서 구조대는 삽과 손으로 잔해를 뒤졌다. 남은 건 쇳조각과 유리의 흔적, 벽에 걸려 있던 달력과, 눌어붙은 액자뿐. 그때 무너진 처마 밑에서 작은 움직임이 보였다. 조심스레 다가간 소방관의 품으로, 그을음투성이의 고양이 한 마리가 울며 파고들었다. 심장은 콩알만 했지만 또렷하게 뛰고 있었다. 그는 헬멧을 벗지도 못한 채 고개를 떨궜다. 그 작은 체온이, '아직'이라는 말을 대신했다.

대피소에서는 자원봉사자들이 매트를 깔고, 번호표를 나누고, 따뜻한 국을 퍼주었다. 의사는 이동 진료소에서 연신 뛰어다녔다. 연기를 들이마신 폐는 천천히 열리고 닫혔고, 환자들의 어깨가 조금씩 풀렸다. 담요 끝을 맞잡아 주는 손길, 불안으로 마른 입술에 건네는 종이컵 한 잔의 물. 터지는 뉴스보다 더 많은 일이 조용히 진행되었다.

산 중턱에서는 여전히 사투가 이어졌다. 방화선을 파는 곡괭이 소리가 산허리를 따라 옮겨 다녔다. 군인, 소방관, 산림청 직원, 자원봉사자. 얼굴은 그을고 눈가에는 하얗게 소금기가 말라붙었지만, 서로의 눈빛을 한 번만 마주쳐도 다시 힘이 났다. "여기 붙는다!" 소리가 나면 호스가 즉시 돌아섰고, 물줄기는 새까만 흙에 하얀 김을 올리며 꺼졌다.

그때 하늘이 미세하게 흔들렸다. 누군가 먼저 손등을 들어 보이며 "빗방울."이라고 속삭였다. 처음엔 아무도 믿지 않았다. 하지만 두 방울, 세 방울. 곧 눈썹 위에 맺히는 물이 연기가 아니라는 걸 모두가 알았다. 환호가 터졌다. 꺼지지 않던 둔덕에서 하얀 수증기가 올라왔고, 물과 불이 만나는 소리가 기적처럼 들렸다. 며칠 내내 가물었던 하늘이 마침내 얇은 비를 내렸다. 가랑비였다. 충분하진 않았지만, 분명 비였다. 불길이 한 템포 주춤했고, 그만큼 희망이 들어찼다.

비가 걷히자, 현실도 모습을 드러냈다. 잔불은 여전히 남아 있었고, 바람 한 번에 다시 깨어날 수 있었다. 환경부 조사관이 숲 가장자리에서 땅을 집게로 뒤집어 보더니 낮게 말했다. "생태계가 돌아오려면… 최소 삼십 년." 삼십 년. 어떤 아이의 유년을 모두 지나 청년이 되는 시간, 어떤 가족의 식탁이 세 번 바뀌는 간격. 계절은 돌아오겠지만, 같은 숲이 돌아오진 않을 것이다.

방화범을 욕하며 끝낼 수도 있겠지만, 이 글은 결국 나에게 하는 다짐이다. 불은 붙이고 보는 게 아니라, 붙기 전에 말리는 것. "괜찮아, 금방" 대신, "괜찮지 않아. 지금 멈춰." 다음 봄에 새순이 돋아날 때, 우리는 그 잎 하나에도 수많은 이름이 매달려 있음을 기억해야 한다. 자연이 끊는 영수증은 길다. 우리가 과소비한 '순간'의 값은, 누군가의 평생일 수 있다.

☙ 고양이 ☙

문득 고양이의 삶이 보였다

10년 전, 꿈에 그리던 단독주택을 지었다. "집을 지으면 강아지 키우자."라고 애들과 약속했었다. 그렇게 생후 45일 된 하얀색 강아지를 데려왔다. 이름은 곰이로 지었다.

어느 날 곰이를 집 앞에서 산책시키다 무언가 우리를 주시하는 느낌이 들었다. 주위를 살피다 어미 고양이를 보게 되었다. 옆에 새끼고양이 세 마리를 거느리고 있었다. 우린 어미를 체리라고 불렀다. 어미 고양이는 눈으로 말하고 있는 듯했다. 그 시선이 마치 "제 아이에게 먹이를 주세요."라고 하는 것 같았다. 그때부터 밥을 챙기기 시작했다.

사료 그릇을 두고 장소에서 멀어지면 어미가 그릇 앞으로 아깽이들을 데리고 온다. 어미는 아기들이 다 먹길 기다렸다가 남은 사료를 먹는다. 배부른 아기들은 어미 옆에서 깡충깡충 놀고 있다. 매일 집 앞에서 고양이 사료를 챙겨주니 자연스럽게 어미와 새끼고양이들은 주변에 머물렀다. 멀리서 그 모습을 지켜보면 입가에 흐뭇한 미소가 매달렸다.

아깽이들은 서로의 꼬리를 장난감 삼아 엉키고 성키는 모습이 무척 앙증맞다. 나는 '오늘은 얼마나 자랐을까?' 궁금한 마음에 아깽이들의 모습을 훔쳐보았다. 제각각 다른 색깔의 털옷을 온몸에 걸쳤다. 갖가지 색을 독창적으로 디자인한 털이 이쁘다. 통통 튀는 모습, 그릇에 얹은 발과 조그만 꼬리가 귀여움을 발산한다. 먹을 것만 있으면 평화로운 모습이다.

길고양이 가족들에게 밥을 주는 나에게 동네 사람들이 한마디씩 했다.
"이러다 길고양이들이 많이 늘어나면 어쩌려고?"
그에 대한 답으로 길고양이 중성화 수술을 시키겠다고 했다.

첫 길고양이 체리를 우여곡절 끝에 TNR시켰다. 왼쪽 귀 끝이 잘린 체리는 지금도 우리 집 앞에 살고 있다. 그러나 체리의 아가들은 뭐가 급한지 6개월도 못 살고 고양이 별로 떠났다. 서로의 꼬리를 장난감 삼아 뛰어놀던 아가들이었다. 길고양이의 삶은 아무도 알지 못한다.

그 후에도 계속 전에는 보이지 않던 길고양이가 자꾸 보였다. 마구 마구 불쌍했다. 차에 고양이 간식이나 사료, 물을 챙겨 다니면서 보이면 먹이기도 했다. 나를 만났을 때는 배불리 먹으라고.

"엄마, 아픈 고양이가 있어요. 빨리 데리고 와야 해요."

허겁지겁 집에 들어오면서 딸이 하는 말이었다. 어느 날 딸이 혼자서 곰이를 산책시키느라 조금 떨어진 골목길까지 내려간 모양이었다. 길바닥에 먼지떨이처럼 붙어 있던 고양이를 발견했다. 조그만 종이가방, 무릎 담요를 준비해서 그곳으로 갔다. 그 장소에 붙어 있던 고양이는 없었다. 그 고양이는 우리 집에 못 올 줄 알았다.

그날 저녁, 집으로 돌아가는 길에 삐쩍 마른 고양이 한 마리를 보았다. 두 다리를 끌고 힘겹게 우리 집 앞 급식소로 가고 있는 것처럼 보였다. 급히 주차하고 차에 있던 간식을 길가에 뿌렸다. 배가 고팠던 고양이가 정신없이 간식을 먹고 있을 때 무릎 담요로 덮었다. 종이 가방에 무릎 담요로 싼 고양이를 넣었다. 동물병원에 갔더니 의사 선생님이 "4개월 정도 된 것 같은데 먹을 게 없어서 너무 야위었다."라고 했다. 그래도 잘 먹이면 살 수 있을 거고 두 다리도 쓸 수 있을 것이라는 말까지 들었다. 4월에 우리 집에 왔다고 '사월이'라 불렀다.

그 후로 갈 곳 없는 '시루', 어미가 포기했던 '짱단이' 형제, 하지마비인 '모카', 등이 파인 '연지'를 우리 집으로 들였다. 저마다의 사연을 가진 길고양이들이 점점 집고양이가 되었다.

처음 집으로 들이면 하악질이 심하다. 매일 밥을 주고 똥간 치워주고 눈 마주치기를 얼마 정도 지나면 길고양이들이 집고양이로 탈바꿈

한다. 냥냥거리고 눈을 마주치고 머리를 가지고 와서 부비적거린다. 사람이 오든지 말든지 누워 있거나 잔다. 집이 편해진 거다. 이런 모습을 보는 우리는 연신 미소가 떠나지 않는다.

길고양이가 길에서 살 수 있는 환경이 되면 좋겠다. 우리 집에 온 사월이는 먹을 것이 풍부했다면 계속 길에서 살았겠지. 먹지 못해서 점점 야위었지만, 꽤 거리가 있는 우리 집 앞까지 와서 사료를 먹기도 한 모양이다. 우리 집 앞 고양이들은 텃세가 심해 마음 놓고 먹지는 못했을 텐데. 아픈 몸을 끌고 살아남아 올라왔다는 점을 보면, 길고양이들은 몇 군데 급식소를 알고 있다는 것도 증명이 되었다.

사월이는 구조된 뒤로 며칠 동안 제대로 된 변을 못 봤다. 배고픔을 참지 못해서 음식물 쓰레기도 먹었던 모양이었다. 변 속에 소화가 잘 안된 길게 늘어진 콩나물도 보였다. 생존 욕구로 길고양이들은 음식물 쓰레기도 먹는다. 사람 먹는 음식은 염분이 많아 고양이에게 좋지 않다. 그러니 더욱 오래 살지 못하는 환경이다.

사람들이 자기 집 근처에 오는 길고양이들에게 사료와 물을 챙겨준다면 사월이 같은 고양이들이 생기지 않겠지.

"태어나니 길이었고, 그곳에서 살아야 하는 길고양이들이 먹을 사료를 사람들이 나눠주면 좋겠다."

25년 4월 27일

고양이는 물을 싫어한다. 그게 커피 물이면 더욱

가족이 함께 사업을 하면 안 된다는 말을 들은 적이 있다. 나는 그 말을 믿는다. 아니, 아주 철썩같이 믿는다. 왜냐고? 우리 집을 보면 알 수 있다. 사업의 무서움을 누구보다 잘 아는 가족이었을 텐데, 도대체 무슨 바람이 불었던 걸까. 아마 봄바람이 아니라, 태풍이었던 것 같다. 엄마와 누나가 카페를 열기로 했다. 들었을 때부터 불길했다. 내가 초등학생, 중학생 시절부터 부딪히기만 하면 불꽃 튀던 둘이, 이제는 따뜻한 라떼를 만들겠다니. 나는 이걸 우아한 자폭 선언이라고 불렀다. 그리고 그 자폭은, 무려 돈을 연료 삼아 터지는 돈폭탄이었다. 처음엔 그럴싸했다. 고양이가 햇살 속에 드러누워 눈을 감는 것처럼, 평화롭고 느긋한 시간이었다. 당연히 이때는 돈이 들지 않던 시절. 의견만 나누면 되는, 상상의 카페였다. 문제가 생기기 시작한 건 바로 그다음이었다. 가게 위치를 정하는 데서부터 둘은 발톱을 드러냈다. 큰 전세금을 앞에 두고, 가게를 사니 마니. 길고양이가 와야 하니 뒤로 가자, 앞으로 가자, 카페거리로 가자 등등. "여기가 낫다." "아니야, 저기가 낫다." 나는 그 사이에서 고개만 빠르게 돌렸다. 마치 레이저 포인터를 쫓는 고양이처럼. 카페에 관심도 없는 내가 왜 둘 사이에서 눈치를 봐야 하는지도 모르는 채, 정신없는 고갯짓을 반복했다. 그러다 스스로를 다독였다. '고양이도 목이 부러질 일은 없다. 아마도.' 그다음은 인테리어. 의자 색깔이 어떠니, 벽지가 어떠니, 조명이 어떠니. 돈은 어디서 나오는지도 모르는 채, 상상력은 광활했다. 전세가 끝나면 고쳐 줘야 한다, 뭐다 등등. 결국 공간은 따뜻한 카페가 아니라 냉전 한복판 이 되었다. 나는 매일같이 전장을 누비는 생존냥이처럼 움직였다. 나의 의견? 전쟁 소음에 깔렸다. 아니, 애초에 둘은 내 의견 따윈 들을 생각이 없었다. 그냥 고양이 뺨치는 무시력이었다. 물품을 채워 넣을 때는 더 대단했다. 컵 하나에도 싸우고, 커피 머신에도 싸우고, 냉장고 에도 싸우고, 커피 관련 도구 하나하나에도 싸웠다. 서로의 감각을 부정하며 전투력을 키우는 모습을 보며, 나는 묘하게 감동했다. '이쯤 되면, 싸움이야말로 이 집안의 유일한 전문 분야가 아닐까.' 나 혼자 그런 생각을 하며 툭, 웃음이 새어나왔다. 그리고 대망의 오픈 날. 커피를 만들 수 없었다. 머신은 설치됐지만, 카페용 전기가 들어오지 않았다. 누나는 커피를 못 만드니 열면 안 된다고 했고, 엄마는 크리스마스 니까 무조건 열어야 한다고 주장했다. 결과? 커피 없는 카페. 손님은 왔고, 우리는 텅 빈 눈으로 서로를 바라봤다. "커피 한 잔 주세요." "… 죄송합니다. 커피가 없습니다." 그날, 카페에 울려 퍼진 건 은은한 커피 향이 아니라, 얼음장처럼 서늘한 엄마와 누나의 분위기였다. 진심으로 집으로 도망가고 싶었다. 가운데 낀 나는 결국 고양이처럼 조용히 가게 구석 의자로 숨어들었다. 아무 일도 없었다는 듯이, 느긋하게 털을 고르며. 살아남는 게 우선이었다. 어디까지나, 지금은. 그 후로는 말할 것도 없다. 가게는 하루하루 전운이 짙어졌다. 커피보다 먼저 올라오는 건 쓴맛 가득한 비난과 신경질이었다. 엄마는 틈만 나면 "이래서 안 되는 거야!"를 외쳤고, 누나는 "엄마가 뭘 알아!"로 맞섰다. 나는 그 와중에 하나라도 팔아 주겠다고 계산했다. '커피 한 잔 값으로 이 수준급 싸움을 본다. 나쁘지 않다.' 하지만 웃긴 건 여기까지였다. 결국, 어느 날 누나는 에스프레소보다 더 진한 얼굴로 선언했다. "나, 못 해먹겠어." 누나는 카페 문을 쾅 닫고 나갔다. 남은 건 나무에 주렁주렁 인조 풀이 걸린 인테리어, 제대로 써보지도 못한 커피 머신, 수북한 일회용품 그리고 털이 뭉친 살찐 고양이 같은 나뿐이었다. 나는 그때 생각했다. '아, 이게 가족 사업의 정석이구나.' 교과서에나 나올 법한 실패 사례를 실시간으로 체험하는 행운이라니. 어쩐지 눈물이 났다. 아니, 거짓말이다. 짜증 났다. 진짜 미치도록 짜증 났다. 가게 하면서 들어간 돈은 공중분해. 둘이 하겠다고 시작한 사업인데, 왜 중간에 낀 내가 시작부터 지금까지 이렇게 고통받아야 하나. 나는 무슨 부귀영화를 보겠다고 여기에 매달려 있는 걸까. 미련한 고양이는 나였다. 그냥 싹 발을 빼고 알아서 하라고 했어야 했는데. 누나의 빈자리는 어김없이 나의 몫이 되었다. 말없이 털을 고르고, 발톱은 숨긴 채, 하루하루를 버텼다. 내 삭막한 얼굴은 사업과는 맞지 않았다. 커피를 해본 적도 없는 사람이었고 오던 손님도 안 오고, 가게를 슥 보고 나가기도 했다. 오히려 더욱 자신감을 갈아 먹었다. 그 이후로 가게는 서서히 가라앉았다. 매출도, 분위기도, 내 의욕도. 지금은 엄마의 개인공간처럼 되어 있다. 싸울 사람이 없으니, 어쩌면 두 사람의 건강에는 더 좋을지도 모른다. 비극은 때때로, 평화라는 이름을 쓰고 온다. 결론은 이렇다. 가족과 사업을 한다는 건, 고양이를 물에 담그는 것과 같다. 고양이는 물을 싫어하고, 발버둥 칠 걸 알면서도 억지로 담그는 일. 결국, 발톱

자국만 남는다. 그래도 오늘 하루는 무사히 버텼다고, 털이 한 움큼 빠졌지만 괜찮다고, 애써 털을 고르며 살아간다. 살짝 웃으며, 그리고 다시 생각한다. '둘이 잘해낼 거라고는 애초에 생각도 안 했다고.' 진심으로, 고양이의 영혼을 가진 사람처럼. 사실 잘해 주길 바랐다.

❧ 주택 ❧

두 번째 주택은 서점

얼렁뚱땅 집을 지은 지 10년이 되어 간다.

엄마 밭이 개발되면서 집 짓기가 가능해졌다. 엄마 땅을 시세대로 우리가 샀고 그곳에 집을 지었다. 그 후 개발업자가 분양하고 남은 자투리땅이 67평이었다. 위치도 집 앞이었는데 우리가 그 땅을 샀다.

처음 집 지을 때 공사업자에게 워낙 시달려서 살짝 겁이 나기도 했다. '다시는 집을 짓지 않겠다'라고 마음을 먹었었는데도 말이다.

책방묘미는 1층, 2층을 통째로 임대하고 있다. 1년 6개월 전부터 아들이 2층에 살고, 월세를 내고 있다. 그만큼 나의 부담도 줄었다. 2층에 사람이 살면서 물이 샌다는 것을 알게 되었다. 첨단누수 기계를 갖다 대어도 나오지 않는 누수. 책방에선 책이 눅눅해지고 바닥에 흐르는 물을 닦아 내는 것도 지쳤다. 첨단 장비에도 잡히지 않는 알 수 없는 물! 계속 공사를 할 거라는데, 하지 말라고 했다. 우리가 나가면 공사하시라고. 모든 걸 정지시켜 놨다. 이제는 차단기가 내려가면서 홀에서도 전등을 켜지 못할 때가 있다. 서둘러서 집을 지어야 한다. 빨리 나가려면.

책방묘미를 4년 동안 버티고 있다. 처음엔 딸과 함께 카페로 시작했다. 수익이 나지 않자 딸은 떠났다. 책방을 함께 하다가 책방만 하고 있다. 책방 수익이 나지는 않지만, 아침에 눈 떠서 걸어올 수 있는 곳이라 좋다. 동네 고양이들도 만날 수 있고 인생 통틀어 이런 멋진 공간에 앉아 있을 수 있는 것도 어쩌면 '큰 복 받은 나'일 수도.

책방을 옮길 곳은 우리 집 앞으로 생각했다. 먼저 우리 마을 주민인 공사업자에게 조립식 건물을 지으면 평당 얼마가 드는지 물어봤다. 평당 300만 원이면 짓는다고 한다. 그것도 예상액보다 많이 나왔지만, 그 정도는 할 수 있을 것 같아서 큰마음을 내었다. 남편도 생각하고 있었던 모양이었다.

문제는 공사자금이었다. 때마침 친정아버지 땅이 헐값으로라도 팔려서 자녀들에게 나눠 주면서 시작할 수 있었다. 세상은 나에게 하고 싶은 것을 하라고 밀어주는 것 같았다. 이렇게 때맞춰서 목돈이 생길 수 있다니.

공사비도 알아봐야 했다. 개발행위신고를 해야 하는데, 공무원으로 정년퇴직한 남편이 척척 했다. 시간이 지나 허가가 떨어졌다. 그 후 건축사무소에 설계를 맡겼다. 이왕 짓는 김에 2층으로 지어서 1층 책방, 2층은 아들이 사는 것으로 미리 생각해 뒀다. 아들도 집이 생기는 거니 투자를 약속받았다. 1층은 오픈도어에, 방 하나를 분리하는 것이다.

남편은 좁은 곳이니 방을 내지 말고, 오픈도어도 비싸니 하지 말자고 한다. 나의 로망은 '오픈도어'다. 처음 집 지을 때도 '오픈도어' 이야기를 했지만 비싸고 방충망도 할 수 없어서 벌레도 들어온다고 반대해서 못 했다. 하지만 이번은 꼭 하고 싶다. 2층도 아들이 좋아하는 욕조를 꼭 넣고 싶다고 설계도에 반영해 달라고 했다. 그렇게 설계도는 멋있게 완성이 되었다.

저번에 문의했던 공사업자에게 설계도를 맡기니 평당 600만 원은 들겠다고 한다. 큰일이다. 다른 곳에도 알아봐야 한다. 네 군데 정도 공사대금에 관한 견적서를 받았다. 금액은 비슷하게 나왔다. 어떤 곳은 자재비가 많고, 어떤 곳은 인건비가 많이 나왔다.

인터넷에 검색해 보니 반값 주택이라는 것도 있다. 공사자재비를 아껴서 전체 건축비용을 줄여 준다는 업체. 공사비를 줄일 수 있고 집을 지을 수 있는 업체를 찾아야 한다. 그리고 끝까지 책임지고 지어줄 수 있는 곳이어야 한다. 모듈러주택도 알아봤는데 최소 18평이어야 건축

할 수 있단다. 그렇게 시간이 2달이 흘러가고 있다.

남편은 10년 전 우리 집 지으려고 했던 건설회사에 마지막으로 견적서를 요청했다. 내가 고집을 부려서 친구 신랑에게 맡겨서 마무리를 못 하고 전전긍긍한 일이 떠올랐다. 그 건설회사로 정했다.

우리 2번째 주택 아니 서점공사가 잘 마무리 되면 좋겠다.

25년 5월 25일
빗소리를 꿈꾸며 벽돌을 의심하는 중입니다

우리 집엔 유전병 같은 게 하나 있다.
병명은 조금 특이하다. 아빠로부터 대물림된, 아주 단단하고 고집스러운 병. 이름하여, "전원주택병."

아빠는 평생을 공무원으로 사셨다.
부산 옆에 붙어 있는 김해. "김해요!" 하고 크게 외쳐야 겨우 알아듣는, 그렇게 설명해야 겨우 고개를 끄덕이는 그 동네에서.
아빠는 매일 같은 시간에 일어나고, 같은 시간에 밥을 드시고, 늘 같은 길로 출근하셨다. 퇴근도 정해진 시간, 정해진 코스. 어찌 보면 지루할 정도로 규칙적인 삶이었는데, 그게 또 아빠의 방식이었다.

엄마는 종종 말씀하셨다.

"아빠가 은퇴하면 말이야…."

그 말로 시작하는 이야기는 거의 대본처럼 정해져 있었다. 대개는 아빠의 꿈을 대신 말해 주는 형식이었다. 아빠는 옆에서 묵묵히 듣기만 했고, 특별히 대답을 하지는 않으셨다. 하지만 원래 무뚝뚝한 분이니, 그 침묵은 동의라는 걸 우리 모두 알고 있었다.

그 꿈의 그림은 언제나 같았다.

마당엔 감나무가 한 그루 있고,

텃밭에는 고추든 상추든 뭐든 하나쯤 자라고 있어야 했고,

주변에는 꽃이 피어 있어야 했다.

바닥은 잔디로 덮여 있어 보기 좋고,

지붕은 비 오는 날 소리를 잘 울려 줘야 했다.

그리고 현관 앞에는 평상이 놓여 있어야 했다.

마지막 장면은 늘 똑같았다.

평상 위에서 삼겹살이 지글지글 구워지고, 기름이 튀는 소리에 웃음이 터지고, 소주잔이 오가며 하루의 이야기가 흘러가는 모습.

사실 따지고 보면 너무 전형적이었다. 드라마에서라도 보이면 "이거 클리셰네." 하고 지나칠 법한 장면. 그런데도 이상하게 낭만적이었다. 그 상상만으로도 마음이 간질간질해지고, 이상한 설렘이 배 안쪽에서

부터 올라왔다.

사람은 결국 낭만으로 먹고 사는 존재라는 걸, 나는 그때 처음 알았다.
아빠가 그려 낸 소박한 집 한 채의 풍경이, 나에겐 누구보다 크게 다
가왔으니까.

지금 생각해 보면 아빠는 진작부터 퇴직 후의 자기를 혼자 예행연습
하고 있었던 것 같다.
가끔 리모컨으로 채널을 돌리다가 전원생활 다큐멘터리가 나오면,
그때만큼은 볼륨을 살짝 높이셨다. 말없이 꿈의 볼륨을 올리는 방식
이었다. 거기서 닭이 울고, 마당에서 아이들이 뛰어놀고, 지붕 위로는
소복이 낙엽이 쌓여 있는 화면을 보면서, 아빠는 꼭 자기 집을 본 사람
처럼 집중하셨다.

그런데 그 꿈은 어느 순간 나에게도 옮겨 왔다. 누가 강요한 것도 아
니고, 어디서 굳이 배우지도 않았는데, 나는 이미 감염된 상태였다. 그
것도 무증상 감염처럼 조용히, 자연스럽게. 어느 날 SNS 피드에서 '전
원주택 브이로그'가 떠오르면 나는 주저 없이 눌렀다. '주택에서 삼겹
살 파티 하는 부부의 하루' 같은 영상을 보면서, 나도 모르게 그 속에
서 살고 있는 듯 몰입했다.

차 소리보다 빗소리가 더 잘 들리는 집. 그게 내 마음속에 그려 둔

유일한 미래의 설계도였다. 일이 바쁘고 정신이 복잡할 때면 그 상상 하나로 버텼다. 머릿속으로 그 집을 그려 보면 숨통이 조금 트였다. "그래. 언젠간 나도 저 집에 산다. …근데 돈 없다." 그렇게 현실은 늘 잔인하게 붙어 다녔다.

그런데 말이지, 이 아름답고 평화로운 꿈에는 치명적인 구멍이 하나 있다.
그 집을, 도대체 누가 지을 거냐는 거다.

나는 이미 두 번, 아주 명확하게 배웠다. 세상에는 '벽돌을 속이는 사람들, 지붕에 구멍을 내는 사람들'이 있다는 걸. 첫 번째는 건축업자 였다. 두 번째는 인테리어업자였다. 둘 다 똑같았다. 얼굴에는 친절한 미소, 손에는 계약서. 부모님은 그 종이를 꿈의 설계도처럼 펼쳐 들고 사인을 하셨다. 그 순간에는 우리 모두가 웃었다. 저 안에서 삼겹살 굽 는 냄새까지 상상하며, 행복한 미래를 믿었다.

하지만 결과물은?
그림은 그대로인데, 색은 바래 있었고, 선은 삐뚤었고, 구도는 무너 져 있었다. 이상과 현실의 거리는, 돈을 수십 년 모아도 못 메우는 간 극이었다.

벽지는 비에 젖어 물기를 머금은 스펀지처럼 늘어졌고, 공사는 덜 끝나고도 대충 봉인해 둔 흔적투성이였다. 쓰다 만 자재는 그대로 방치되어 있었고, 전기 배선은 돈을 더 주지 않으면 끊어 버리겠다는 협박까지 받았다. 창고는 비가 새어 땅이 축축이 젖어 있었다. 그리고 그 모든 엉망진창의 뒤처리를 아버지가 직접 하셔야 했다. 어느 날은 높은 지붕 위에서 수습하다가, 정말 떨어질 뻔까지 하셨다. 그때의 아슬아슬한 장면은 지금도 생각하면 피가 거꾸로 솟는다.

돈은 돈대로, 건강은 건강대로, 희망은 희망대로 갈아 먹혔다.
이것이 내가 배운 첫 번째 전원주택의 현실이었다.

모은 돈이 누군가의 잇속에 들어간다는 기분.
그만큼 더러운 건 없었다.
내 땀과 시간과 마음을 갈아 넣은 돈인데, 그것이 벽돌로 변하지 않고 누군가의 주머니 속으로만 사라진다니. 차라리 강물에 던졌다면 물결이라도 치며 내 눈앞에서 사라졌을 텐데, 이건 흔적도 남지 않았다.

문손잡이는 그래도 잘만 돌아갔다.
하지만 그 순간, 내 머리도 같이 돌아갔다.
손잡이가 덜컥덜컥 돌아갈 때마다, '아, 이 집도, 내 믿음도 결국 이렇게 헛돌았구나' 하는 기분이 들었다.

그때부터였다.

나는 조립된 벽보다 사람의 말투를 더 의심하기 시작했다.

"이건 기본이에요."
"요즘 다들 이렇게 해요."
"그건 안 돼요. 그냥 이렇게 하셔야죠."
"그 예산으로는 이 정도밖에 안 돼요."

이런 말들은 모두 미리 설치된 지뢰 같았다. 겉으로는 다정한 말투와 포장지로 싸여 있었지만, 그 안엔 어디서 어떻게 폭발할지 모르는 불신의 뇌관이 숨어 있었다. 나는 이제 도면을 보는 게 아니라, 사람의 입술만 보고 있었다. 어느 말이 거짓인지, 어느 웃음이 속셈인지. 건축 자재보다 인간의 뻔뻔함이 더 무서웠다.

그런데도 아이러니했다.
내 꿈은 여전히 '주택'이었다.

햇살이 마당에 부드럽게 쏟아지고, 초록 잔디 위로 슬리퍼를 질질 끌며 나와 책을 읽는 집. 밤이면 고요한 마당에서 혼자 맥주 한 캔을 따는 집. 아무도 방해하지 않고, 그저 나 자신과 자연만 남는 집.

그러나 그 집을 가지려면, 다시 누군가를 믿어야 했다.
다시 계약서를 펼치고, 다시 누군가의 말을 들어야 하고, 다시 돈을 건네야 했다. 불신으로 다 무장한 채 앉아 있으면서도, 결국 언젠가는 고개를 끄덕이고 사인을 해야 한다. 나는 한적한 삶을 꿈꾸면서, 그 꿈을 이루기 위해 끊임없이 사람을 의심하고 또 믿어야만 하는 사람이 되어 버렸다.

이쯤 되면, 이게 집을 짓는 건지, 아니면 돈 주고 내 마음을 다스리는 건지 알 수 없었다. 벽돌 하나를 쌓을 때마다, 사실은 내 인내심이 더 쌓이고 있었던 셈이다. 다른 이들은 설계도를 들고 다니겠지만, 나는 그 옆에 '의심 리스트'를 따로 적어야 했다. 오늘은 누굴 조심할 차례인지, 어떤 말투에 속지 말아야 하는지.

그럼에도 불구하고, 여전히 나는 언젠가 꼭 그 집에 살고 싶다.
차 소리보다 빗소리가 더 크게 들리는 집.
회색 콘크리트보다 초록 잔디가 먼저 눈에 들어오는 집.
네온사인보다 달빛이 더 선명하게 반짝이는 집.

그리고 그 집에서, 아버지처럼 소주 한 잔을 따라 놓고 말하고 싶다.

"그래도 지었네, 이놈의 집."

✿ 창문 ✿

창문의 위로

창문을 통하여 멍하니 바깥세상을 바라보는 것을 좋아한다. 작은 창문으로 밖을 내다보는 것도 좋지만 되도록 큰 창문을 선호(先好)한다.

답답한 벽 사이에 어김없이 붙어 있는 창문은 바깥세상을 있는 그대로 보여준다. 화장실 같은 은밀한 곳에서는 작은 창문이, 거실이나 카페 같은 곳은 매우 큰 창문이 있는 것이 더 좋지 않을까?

창문은 내가 있는 장소에서 눈을 들면 다른 세상을 보여준다. 그것도 시간과 계절에 따라 변하고 있는 세상을.

시간이 나면 큰 창문이 있는 카페를 찾아 나선다. 비가 오는 날이면 더욱 좋지만, 화창한 날도 또 다른 감흥(感興)이 있다.

내 고향 흥동은 카페들이 줄지어 생겼다. 옐로우커피, 더라운지 커피, 청춘 커피, 13온스, 리우커피바 등. 특히 옐로우커피는 캄캄한 동네를 밝혀주는 첫 카페였다. 20년 정도 되었을까? 굳이 옐로우커피라 안 해도 노란 벽에 노란색으로 주로 치장을 한 카페였다. 커피를 좋아하는 난 아주 좋아라 하면서 '제발 문 닫지 마라'는 걱정을 하면서 들락거렸다. 주인이 3번째 바뀌었어도 카페는 그곳 그 자리를 노랗게 밝혀주고 있다. 그곳도 통창으로 아주 넓은 창문이다. 매년 4월쯤에 벚꽃이 이쁘게 피는 흥동은 창 넓은 카페에 앉아서 커피를 마시면 정말 좋다.

넓은 창문은 우리 집 지으면서도 설계도에 반영이 되었다. 창 넓은 우리 집이 마치 카페 같으면 좋겠다는 생각으로. 주택이니 너무 오픈되지도 말고 안에서 바깥을 바라볼 수 있으면 되었다. 마당이 있는 단독주택, 강아지들이 뛰어놀 수 있는 곳이다. 넓은 창문으로 바깥 풍경을 바라볼 수 있으니 그것으로 되었다. 사시사철 다른 풍경을 뽐내는 자연은 우리에게 선물이었다. 봄이라 마당에 심겨져 있는 목련과, 뒤따라 피고 있는 벚꽃을 1층, 2층 창문으로 볼 수 있어서.

창문을 통해 바라보는 세상이 좋다. 특히 우연히 걸려든 길고양이 모습이라면 더욱 금상첨화다. 따뜻한 날에 고양이는 유유히 걷다가 좋아하는 다른 고양이를 만나면 머리와 온몸을 부딪치며 친근감을 표시한다. 갑자기 땅바닥에 누워서 뒹굴뒹굴하다가 급하게 흙 쪽으로 가서 생리현상을 해결하는 모습까지 창문을 통해서 가만히 바라보고 있으니 길고양이 영화를 보는 듯하다. 길고양이가 평화롭게 있는 세상은 멀리 있지 않은 듯하다. 특히 내가 있는 주택지에는 마을 사람들의 생각이 바뀌었는지 궁금하지만 이렇게 시간이 흐르면 된다.

큰 창문을 통해서 세상을 2층에서 보는 야경(夜景)이 제일 좋다. 엄마 밭이 있었던 산을 깎아서 택지개발이 되었다. 그곳에 우리 집, 2층으로 올린 단독주택! 그곳에서 살게 된 것도 크나큰 행운이 받쳐 주었다고 생각한다. 2층에도 크고 넓은 창문을 넣었다.

높은 산 위에서 불빛이 반짝이는 머나먼 동네를 바라보는 행복! 매일 시간이 날 때마다 2층 올라가서 볼 수 있다.

창문을 통해 보이는 세상은 토닥토닥 불빛으로 위로를 해 준다.
나에게 매번 괜찮다라는 귓속말로.

25년 3월 23일

견고한 집이라도 창문은 낸다

창문 앞에 앉아 바깥세상을 바라본다. 유리창은 액자다. 매일 전시가 바뀌는, 관람료 없는 개인 미술관. 어떤 날은 초현실주의, 옆집 고양이가 창턱에서 내 쪽을 심문하는 장면, 어떤 날은 다큐멘터리, 가끔은 내 얼굴이 작품을 가로막는 거울 전시가 열린다. 어쨌거나 이 액자는 내가 아무것도 하지 않아도 풍경을 붙여 넣어 주는 성실한 큐레이터다.

비가 오면 전시는 사운드까지 지원한다. 창에 맺힌 빗방울이 유리를 두드리며 각자의 템포로 리듬을 만든다. 톡, 톡톡, 또르륵-. 웬만한 ASMR보다 빠져든다. 물방울이 위에서 아래로, 굵게 또 가늘게, 서로 길을 내주며 흘러내리는 모습을 보고 있으면, 각자 사는 집과 일이 다르다가도 결국 한 물길로 합쳐져 흐르는 사람살이가 떠오른다.

창문은 투명한 경계다. 안과 밖을 정확히 나누면서, 동시에 둘을 찔끔찔끔 연결한다. 바람은 막고 빛은 통과시키고, 소리는 반쯤만 들려준다. 우리는 단단한 벽을 세워도 결국 창이라는 구멍을 남겨 둔다. 사람 마음도 비슷하다. 아무리 방어막을 올려도, 세상으로 나 있는 작은 틈 하나쯤은 꼭 있다. 그 틈으로 들어오는 소식, 나가는 한숨, 들키는 표정.

창을 통해 보는 풍경은 거울이기도 하다. 맑은 날에는 건물 윤곽이 칼같이 살아나듯 마음도 선명해진다. 반대로 안개 낀 아침, 모든 것이 흐릿해 보일 땐 머릿속도 뿌예진다. 같은 창, 같은 거리인데도 기분 좋을 땐 하늘마저 창을 통해 보는 풍경은 거울이기도 하다. 맑은 날에는 건물 윤곽이 칼같이 살아나듯 마음도 선명해진다. 반대로 안개 낀 아침, 모든 것이 흐릿해 보일 땐 머릿속도 뿌예진다.

기분이 꾸깃하면 구름 하나도 무례해 보인다. 결국 우리가 보는 건 유리가 아니라, 유리를 통해 바라보는 그날의 나다.

그래서 가끔은 용기 내어 커튼을 확 젖히는 일이 필요하다. 외부 관찰이라 쓰고, 내 위치 확인이라 읽는다. 오늘의 나는 어디쯤 서 있는지, 옆 건물 그림자는 어디까지 들이우는지, 신호등은 언제쯤 초록으로 바뀌는지. 창을 연다는 건 세상을 구경하는 동시에 마음의 가구 배치를 새로 하는 일이다. 어제 여기 있던 걱정을 저기로 밀고, 저기 뭉쳐 있던 생각을 햇볕 드는 곳에 널어 본다. 마음도 환기하면 냄새가 빠진다.

창은 일방통행이 아니다. 안에서 밖을 볼 수 있으면, 밖에서도 안을 본다. 그 사실을 뼈저리게 체감한다. '세상'이 거창한 무리가 아니라는 건 다행이다. 창 건너편의 이웃, 엘리베이터에서 매번 같은 층 누르는 사람, 출근길에 늘 마주치는 스쿠터, 제시간에 찾아오는 택배. 이런 소소한 연결들이 바깥에서 나를 슬쩍 들여다본다. 당신의 창이 반짝이면, 나의 하루도 묘하게 정돈된다.

그렇다면 유리는 닦아야 한다. 먼지 낀 창으로는 햇빛도 성격이 나빠 보인다. 한 번만 쓱– 하면 세상이 갑자기 선명해지는 경험, 다들 알 거다. 마음도 비슷하다.

물론 노출은 부담스럽다. 누가 보기엔 내 삶의 프레임이 덜 예쁠 수도 있고, 식탁 위 라면 그릇이 미술관 미학과 거리가 멀 수도 있다. 괜찮다. 창문은 갤러리이면서 생활관이고, 우리는 늘 작품이자 작업 중이다. 완성 못 했다고 커튼을 내릴 필요는 없다. 필요할 땐 블라인드를 반쯤만 내리자. 너무 환하면 눈부시고, 너무 어두우면 길을 잃는다. 반쯤, 오늘의 투명함과 내 사정이 적당히 타협하는 지점.

다시 빗소리. 유리 위로 사선의 물길이 수십 개 그어진다. 그 사이로 구름이 흘러가고, 주차장에서 누군가가 차를 닦고, 도로 위 노란 우산이 튄다. 나는 컵에 물을 채워 창틀에 올려두고, 숨을 길게 내쉰다. 바깥세상은 여전히 움직이고, 안쪽 마음도 아주 천천히 따라 움직인다.

창문은 오늘도 두 역할을 동시에 수행 중이다. 바깥을 들이고, 나를 비춘다. 그래서 나는 커튼을 조금 더 젖힌다. 세상이 좀 더 들어오게 그리고 내가 조금 더 보이게. 완벽할 수는 없으니까.

❖ 하늘 ❖

하늘의 포용심

"하늘은 태양도, 구름도 안고 있다."

넓은 포용심을 가진 하늘을 닮고 싶다. 시시각각 계절 따라 변하는 하늘 풍경은 심란한 마음도 안정시키는 힘을 가지고 있다. 하늘을 한 번씩 올려다보면 기분에 따라 하늘 표정이 다르다.

〈퍼펙트 데이즈〉 영화 속 '하늘 보기'가 생각이 난다. '일상의 소중함' 을 느끼게 해 주는 영화! 아무 일도 안 일어나는 게 오히려 고맙다고 할까? 사람이 가고, 오고 매일 가는 그곳에서도 어떤 일들이 끊임없이 생겨났다. 주인공의 마음과 상태가 바뀌는 것을 볼 수 있었던 영화였 다. 매일 현관문을 열고 제일 먼저 하는 일이 하늘 보기, 그 후 큰 숨을 쉬면서 미소를 머금는다. '따라 해야지' 속으로 생각했다.

하늘은 매일 그 자리에서 온 세상을 내려다보고 있다. 먹구름, 흰 구 름, 천둥, 번개와도 함께한다. 이글이글 타오르는 태양을 모시는 것도 하늘의 몫! 구름이 여러 모양으로 하늘을 가려도 찰나의 풍경화다. 여러 가지 구름이 하늘 도화지에 그림을 그리기도 하는데 신기하기만 하다. 그럴 때마다 휴대전화를 꺼내 든다. 기이한 하늘과 구름 사진은 내 휴대전화기로 가져온다. 가끔 SNS에 도배하기도 한다. 한 번씩 그것을 살펴보아도 똑같은 풍경을 만들어 내지 않는다. 하늘 풍경은 매번 마음속이나 사진에 남겨 두고 싶은 이유이다.

하늘 그림이 매우 예쁜 곳은 바닷가 근처였다. 잠깐 머물었던 제주나 여수, 간절곶 등의 바다와 맞붙은 하늘 풍경도 좋지만, 구름이 하늘 도화지에 얹힌 건 더욱 빛을 발하는 자연 전시관이다.

하늘은 마음을 치유하는 기능을 하기도 한다. 복잡한 일상 속 생각으로 힘들 때 하늘을 보면 마음을 환기하거나 멍해지기도 한 게 달려가는 잡념을 정지하는 역할을 한다. 그러면서 걷기도 하면 몸과 마음이 함께 건강해지기도 하니까.

하늘과 함께하는 일은 매우 감사한 일이다. 아무런 조건 없이 우리에게 그 시간을 보여주니깐 말이다. 하늘에게 역할을 분담시키지도 않았는데 그 자리에서 매번 소리 소문 없이 우리를 지켜봐 주고 있다. 무언가 생각을 골똘히 하고 있으면 무슨 연결고리가 있는 건지 나쁜 마음이 나를 괴롭히고 있다.

아무 생각 없이 휴대전화기를 보고 있으면 AI가 내가 좋아하는 소식을 전해준다. 얼마나 오랫동안 나의 눈과 관심을 끌면서 붙잡고 있는 건지. 시간은 훌쩍 지나가 있는 것을 발견하는 순간! 이제 그만! 하늘을 보는 습관을 지녀야 할 때다.

"고마운 마음을 가지면서 매시간을 살고 싶은 나는 하늘의 포용심을 닮고 싶다."

25년 3월 2일
허리를 펴자, 그곳은 하늘이 아닌 지평선이었다

순간 낯설었다. 나는 도대체 얼마나 오랫동안 허리를 굽히며 살아온 걸까. 언제부턴가 습관처럼 땅만 보고 걷고, 늘 아래만 응시하며 살았던 것 같다.

하늘은, 대체 언제부터 올려다보지 않았던 걸까.
생각해 보면 희미하다. 요즘은 허리를 곧게 펴고 하늘을 올려다본 기억이 거의 없다. 분명 예전에는 목이 빠질 정도로, 눈이 부실 정도로 하늘을 올려다보곤 했었다. 구름 모양을 보며 이야기를 만들고, 해가 지는 풍경에 괜히 감탄도 하던 때가 있었다. 그런데 지금은? 고개 한 번 드는 것도 귀찮아졌다.

사람은 자라면서 점점 하늘을 보지 않는다고들 한다. 이유는 다양하겠지. 허리가 물리적으로 굽어서일 수도 있고, 아니면 삶이라는 무게가 어깨를 짓눌러 시야가 자연스럽게 낮아진 걸 수도 있다. 나 역시 그 중 하나였을 것이다. 그리고 그 사실조차, 언젠가부터는 당연하게 여겼다.

그렇다면 우리가 놓쳐 온 것들은 얼마나 많을까.

하늘을 외면하면서, 또 어떤 것들을 놓쳤을까. 언제부터 우리는 하늘을 보는 일을 포기했을까. 이런 질문은 분명 마음을 무겁게 만든다. 하지만 정작 살아가는 동안에는 잘 깨닫지 못한다. 세월은 늘 그렇듯, 무심히 흘러가 버리니까.

어릴 적의 나는, 어른들을 올려다보며 자연스럽게 하늘을 봤다. 위로 향한 시선 끝에는 늘 파란 하늘이 있었다. 그 맑고 깊은 하늘은 마치 끝없이 펼쳐진 가능성의 바다 같았다. 하고 싶은 것, 되고 싶은 것, 다 그 안에 흩어져 있는 듯했다. 아이의 눈으로 본 세상은 그렇게 무한했고, 그 무한함이 곧 나의 꿈이었다.

하지만 사춘기가 오자, 하늘을 보는 일이 점점 줄어들었다. 단순히 시선을 드는 횟수가 줄어든 것이 아니라, 그 행위 자체가 달라졌다. 더 많이, 더 오래 하늘을 바라보기도 했지만, 그건 꿈을 키우는 시간이 아니라 현실을 부정하는 시간에 가까웠다. 마치 "나는 여기가 아니야."

라는 투정처럼 하늘을 쳐다봤다.

　그러다 현실이라는 단단한 벽을 마주한 순간, 시선은 서서히 땅으로 내려앉았다. 정면을 마주하는 것도 벅차다 보니, 자연스럽게 고개는 아래로 떨어졌다. 사람을 피할 때도, 문제를 피할 때도, 나는 땅만 봤다. 그렇게 땅만 보며 걸어가다 보니, 어느 순간부터 하늘은 나와 먼 풍경이 되어 있었다.

　어린 시절 하늘을 쳐다보던 아이는,
　이제는 심해를 바라보는 어른이 되어 버렸다.

　그때의 나는 별을 세며 밤하늘을 올려다보는 게 일상이었다.
　저 멀리 손 닿을 수 없는 곳, 그곳이 늘 나를 설레게 했다. 별은 아무리 멀리 있어도 내게는 잡을 수 있을 것만 같은 착각을 주었고, 나는 그 착각 속에서 나의 미래를 자유롭게 그렸다. 언젠가는 저 별처럼 반짝이겠지, 언젠가는 닿을 수 있겠지. 그런 허황된 자신감을 품고 자랐다.

　하지만 지금의 나는 다르다.
　손끝에 닿은 바닥을 확인하며 살아간다.
　발을 디디고 서 있는 자리가 무너지지 않는지, 여기서 더 떨어지지는 않는지, 자꾸만 아래를 확인하며 걷는다. 이상과 현실 사이의 다리가 생각보다 좁고, 그마저도 삐걱거리니, 이제는 하늘보다 심해를 바라보는 게 더 익숙해져 버렸다.

이상의 의미와 한계, 꿈과 현실의 갈림길.

나는 그 길목에서 여전히 헤매고 있다. 어느 쪽으로 가야 맞는 건지, 답은 여전히 알 수 없다. 어린 시절의 나는 늘 '위'를 가리켰는데, 어른이 된 나는 '아래'를 확인한다. 아이러니하면서도 자연스러운 변화일까.

그래도, 생각한다.

이제라도 조금은 시야를 다르게 가져 보자고.

꼭 하늘만 보지 않아도 좋고, 꼭 바닥만 보지 않아도 좋다. 어쩌면 심해를 바라보면서도 가끔은 고개를 들어 하늘을 의식하는 것, 그 정도만으로도 충분하지 않을까. 하늘을 향해 큰 꿈을 꿀 수 없다면, 잠시 바라보는 것만으로도 위로가 되지 않을까.

늦었다고 생각해도 괜찮다고 스스로 위로한다.

사실 요즘은 꿈을 꾼다는 것 자체가 사치처럼 느껴진다. 세상은 냉정하고, 통장은 늘 비어 있고, 시간은 자꾸만 도망친다. 그럼에도 불구하고, 나는 또다시 꿈을 가져 보고 싶다. 작고 소박한 꿈이라도 괜찮으니, 마음 한쪽이 다시 살아나는 경험을 하고 싶다.

살아 보니 알겠다. 꿈을 꾼다는 게 얼마나 어려운 일인지.

어릴 적에는 세상이 내 편인 줄 알았다. 시간이 무한할 것 같았다.

마음만 먹으면 뭐든 될 수 있을 것 같았다. 그 무모한 자신감이 나를 지탱해 주기도 했다.

지금 돌아보면, 그건 참 순진한 착각이었다.

살아 보면 알게 된다. 마음을 먹는 것 자체가 얼마나 힘든 일인지, 그리고 더 어려운 건 그 마음을 끝까지 붙잡아 두는 일이라는 걸. 시작은 누구나 할 수 있다. 다짐은 쉽다. 하지만 끝까지 가져가는 건 전혀 다른 문제였다. 그것을 정말 실감하려면 결국 살아 내는 수밖에 없었다.

그래서인지 이제는 큰 욕심이 없다.

별을 다 잡겠다고 손을 뻗지도 않고, 세상을 완벽히 지탱하겠다고 무모하게 다짐하지도 않는다. 다만, 가끔은 하늘을 올려다보고, 가끔은 심해를 내려다보며, 그 사이 어딘가에서 불안하게 서 있는 나 자신을 인정하는 것. 그것이 지금 내가 살아가는 방식이고, 앞으로도 오래 지켜가야 할 태도일 것이다.

어릴 적에는 '어려서 괜찮다'는 말이 있었다.

그 말은 신기하게도 내 무책임을 가볍게 덮어 주었다. 시험을 망쳐도, 실수를 해도, 게으름을 피워도, 어른들은 "괜찮아, 아직 어려서 그래."라고 했다. 그 한마디가 면죄부처럼 느껴졌다. 그런데 이제는 다르다. 그 말에서 '어려서'라는 두 글자가 사라지고 남은 건 텅 빈 문장뿐이다.

게으르지만 괜찮다.

이제 이 말은 더 이상 변명이 아니다. 그냥 현실이다. 그리고 현실이 되었다는 사실이, 오히려 더 초라하게 느껴진다.

나는 자주 스스로에게 묻는다. 왜 우리는 점점 허리를 굽히게 되는 걸까. 왜 점점 하늘을 잊는 걸까. 삶이란 왜 이렇게 버거운 걸까. 그리고 어떻게 살아야 하는 걸까. 이 질문들은 단 한 번 답을 찾고 끝나는 문제가 아니었다. 살아가는 동안 끊임없이 되새기고, 또 반복해야 하는 물음이었다.

아마 나는 앞으로도 심해와 현실을 번갈아 바라볼 것이다.
가끔은 하늘을 잊고, 또 가끔은 하늘을 그리워하면서. 그게 내가 버틸 수 있는 방식일지도 모른다.

허리를 곧게 펴도, 내 눈앞에 보이는 건 언제나 지평선일 것이다. 하지만 이제는 조금 다르게 생각한다. 그 지평선 너머에도 분명 하늘은 있다. 보이지 않는다고 해서 사라지는 것은 아니니까. 닿을 수 없다고 해서 없는 것도 아니다.

그걸 믿는 마음.
아마 그것이야말로 살아간다는 것일지도 모른다.

☙ 민생회복 소비쿠폰 ☙

행복한 소비 고민

민생회복 소비쿠폰이 뭘까? 정부에서 국민에게 지급한 용돈이다. 2025년 7월 21일 월요일부터 금요일까지, 일주일간 생년월일 뒷자리 두 개씩 구분하여 지급한다고 했다. 나의 생년월일 끝자리는 금요일에 해당하였다. 먼저 신청한 사람들이 부러웠다.

신청은 거주지 행정복지센터에 가서 해도 되고 자주 쓰는 카드에 연결도 가능하단다. 카드회사에서 미리 신청 링크를 보내줘서 더욱 편했다. 민생회복지원금으로 해킹을 시도하는 무리가 있다는 정보가 있어서 불안했다. 자주 사용하는 카드는 휴대전화에 앱이 다운되어 있다. 얼마나 사용했는지 확인도 가능하니 편리했다.

자주 사용하는 카드 앱에 들어가면 민생회복 지원금 신청하기 탭이 생성되어 있었다. 빨리 신청하고 싶어서 눌러 보니 금요일에 신청하라고 한다. 인스타에는 화요일부터 지원금 들어왔다는 내용이 올라오고 있었다. 나도 빨리 받아서 사용하고 싶었다.

그러던 중 아들이 지원금 들어왔다고 카페에서 커피를 사준다고 했다. 동네에서 살랑살랑 걸어가면 자주 가는 카페가 있다. 나는 뜨거운 아메리카노, 아들은 아이스아메리카노와 달콤한 디저트빵도 함께 구매했다. 마치 국가에서 주는 용돈을 쓰는 기분에 묘하게 신났다.

사용처는 가까운 곳에서만 사용할 수 있다. 국가에서 현금을 줘서 동네 주민이 사용하게 하는 정책이다. 동네 가게도 살리고 우리에게도 친목할 수 있는 경제적 여유를 지급해 줬다.

기다리던 목요일 저녁이 되었다. 나의 지원금 신청은 금요일에 할 수 있다. 자정이 지나자마자 카드 앱에 접속했다. 제일 먼저 눈에 띄는 민생회복 소비쿠폰 배너를 꾹 눌렀다. 띠리리. 12시 30분까지 점검 시간이라고 한다. 시간을 초조히 바라보면서 기다렸다. 다시 신청하려고. 드디어 31분이 되었다. 다시 그 배너를 꾹 누르니 바로 접수되었다는 알람이 떴다. '이제 기다리면 된다.'

신청한 다음 날 오후 2시가 되니 민생지원금 입금되었다고 문자가 왔다. 이걸로 뭘 하지? 생각하다가 제일 먼저 동네 미용실에 갔다. 아무렇게나 묶어서 지내던 머리를 단정하게 잘랐다.
미용실 언니도 민생지원금을 받았다고 한다. 어디 어디에 쓸 수 있는지 얘기를 주고받았다.

그날 저녁은 먹고 싶은 통닭을 동네 가게서 샀다. 지원금이 있어서 그럴까? 동네 가게에 손님이 북적북적한 느낌이었다. 잠깐일 수 있지만.

"동네 경제야 살아나라!!!"

가게 경제를 생각한다고 못 가본 동네 가게를 가족과 함께 가보려 한다. 아니면 자주 가던 뒷고기 가게로 갈까? 오늘은 어디로 가볼까? 읽고 싶던 책도 구매해야지….

"2025년 민생지원금 18만 원어치의 행복한 소비 고민에 빠졌다."

25년 7월 25일

창조 소비

나는 옷을 잘 사지 않는다.

이 말은 겸손하게 들리도록 포장된 표현이지, 실제로는 이렇다. 옷을 사는 모든 과정이 너무 귀찮다. 그냥 귀찮은 정도가 아니다. 몸속 어딘가에 '쇼핑 거부 유전자'가 내장된 사람처럼, 옷을 사야 할 상황만 떠올려도 전신의 기운이 사라진다.

옷 가게에 들어갈 때부터가 전쟁이다.

입구를 지나치며 눈이 마주친 직원이 "혹시 찾으시는 스타일 있으세요?" 하고 다가오는 순간, 나는 반사적으로 눈을 피하며 "아니요, 그냥… 구경만요….".를 읊조린다.

그러나 직원은 멈추지 않는다.

"이거 진짜 잘 나가요~ 한번 입어 보세요!"

그 순간, 내 안의 작은 내가 소리친다.

'제발… 다가오지 말아 주세요!! 진짜 그냥… 그림자처럼 있으면 안 될까요?'

탈의실 앞에 서면 더 큰 시련이 시작된다.

신발 벗고, 벗고, 또 벗고… 팬티는 안 벗고 그렇게 몇 겹의 현실을 벗어야 인간은 알몸이 된다.

그리고 나서, 조심스럽게 옷을 입어 본다.

하지만 조명은 왜 그리 잔인하게 밝고, 거울은 왜 그리 거침없이 사실적인지.

"어라, 나 이렇게 어깨가 좁았나? 이 배는 언제 생긴 거지?"

있는 그대로를 비춰 준다는 거울이 그렇게 원망스러울 수가 없다.

그래서 나는 자연스럽게 인터넷 쇼핑의 품에 안기게 되었다.

화면 속 모델들은 다리가 2m쯤 되는 것 같고, 어깨도 야무지고, 배에 복근은 어찌나 초콜릿이던지.

하지만 어쨌든 입어 보지 않아도 되고, 직원과 눈도 마주치지 않으며, 터치 한 번이면 전쟁은 끝난다.
집 안에서 배달 상자를 열기까지는 세상의 모든 귀찮음이 제거된 듯한 기분이다.

물론, 클릭의 끝은 종종 함정이다.
어깨 끈은 왜 자꾸 내려가고, 허벅지는 왜 이렇게 터지려 하니.
그 옷은 내가 클릭했던 그 사진 속의 옷이 아니다.
사진 속 모델은 웃고 있었는데, 거울 속 나는 울고 있다.

내 체형은 인터넷 쇼핑에겐 너무 복잡한 존재다.

치수를 맞춰 샀는데, 내 몸이 치수에 맞지 않는 느낌이다.
인터넷 쇼핑몰은 나를 감당하지 못한다.
나란 사람은 어쩌면 오프라인 매장도, 온라인도 포기한 존재인지도 모른다.

그래서 나는 옷을 잘 사지 않는다.
왜냐하면, 솔직히 말해 옷을 입는다고 해서 내 존재감이 바뀐다고 믿기에는, 내 자존감이 이미 24개월 무이자 할부로 나뉘어 있다.

그나마 내가 옷을 사고 싶은 마음이 들 때가 있다.

딱 세 가지 조건이 동시에 충족될 때.

1. 옷이 싸야 한다.
싸다는 건 중요한 기준이다.

2. 내 몸엔 안 맞더라도 사진상 외관은 근사해야 한다.
어차피 클릭할 땐 환상이니까. 내가 입었을 때도 저렇겠지… 하는
착각은 행복하니까.

3. 이번 달 통장이 덜 우울해야 한다.
잔고가 바닥이라면, 옷보다 라면 한 봉지가 더 간절하니까.

이 세 가지가 모두 겹치는 날은 드물다.
그래서 나는 오늘도 옷장 앞에서, 지난 계절 옷을 꺼내 입는다.
그리고 마음속으로 변명한다.
"미니멀리즘은 트렌드야…. 안 사는 게 멋인 거야."

놀랍게도, 최근 그 삼박자가 거의 완벽하게 맞아떨어졌다.
마치 기후와 조도, 습도가 모두 최적화된 날씨처럼, 쇼핑 욕구가 은
근히 고개를 들기 시작했다.

그리고 결정적으로,

국가가 내 소비를 응원했다.

정확히 말하자면, 민생회복 소비쿠폰이 지급된 거다.

이게 뭐냐고 묻는다면, 쉽게 말해 정부가 나에게 "지갑 열어도 돼, 괜찮아!"라고 허락해 준 느낌이랄까.

물론, 쿠폰은 온라인 쇼핑몰에서는 쓸 수 없다.

하지만 그건 문제되지 않았다.

나는 책상 앞에서 천천히 고개를 끄덕였고, 이어서 무릎을 쳤다.

"그래, 생활비로 쓸 걸 쿠폰으로 쓰고, 원래 쓰려던 현금으로 옷을 사면 되잖아?"

이게 바로 창조 소비다.

국가가 제공한 쿠폰을 활용한 소비 구조의 확장적 재구성.

약간 단어가 멋져 보이긴 하지만, 실상은 그냥 핑계였다.

어쨌든 국가가 준 힘으로 나는 소비의 고삐를 당겼다.

그리고… 나는 곧바로 장바구니에 쓸데없이 간지 나는 코트를 담았다.

그리고 '모델과 나의 차이는 조명일 뿐이다'라는,

부처님이 보시고도 실소하실 만큼 근거 없는 믿음을 품고 결제를 눌렀다.

그래도 괜찮았다.

나는 오늘도 나라가 준 쿠폰 덕분에, '민생'이란 단어를 통장 잔고로 실감했고,

한 벌의 코트로 '국가 지원 소비자'라는 정체성을 든든히 장착했다.

그러니,

다음 달에도 쿠폰이 들어오면 좋겠다.

왜냐하면 아직 바지는 못 샀거든.

❊ 투표 ❊

선거참관인 활동

"선거참관인 할래?"

선거를 며칠 앞두고 지인한테 전화가 왔다. 갑자기 온 전화였지만 참관인 활동이 매우 궁금했었다. 선거사무종사원으로 활동했었다. '참관인은 어떻게 활동하는 거지?' 매우 궁금했다. 그리고 언젠가는 참여하고 싶었다. 이렇게 전화가 오다니 매우 기뻤다.

선거는 미리 사전투표로 할 생각이었다. 텔레비전에선 대선 토론이 한창이었고 뉴스에선 후보자들의 선거 활동을 전했다. 동네에서도 앰프로 선거 지지 유세를 하는 차량 소리가 들리는 시간이 지나가고 있었다. "기호 ○번···. 한 표 부탁드립니다." 귀에서 앵앵거리는 모깃소리 같았다.

"사전선거 하러 가자."

지인과 사전선거 투표소로 갔다. 우리 동네는 특히 어르신들이 많이 사는 곳이다. 주차장을 가로질러 어르신을 부축해서 천천히 걸어가고 있는 분이 있었다. 주차하려는 차들도 빵빵거리지 않고 기다려 주었다. 마치 어르신들의 한 표 행사를 지지해 주는 듯했다.

우리는 사전선거 투표소라는 팻말 앞에서 기념촬영을 했다. 역사적인 날, 투표했다고 알리려는 기록이다. 이번은 전직 대통령이 탄핵으로 떠난 자리였다.

계속 선거에 참여했지만, 더욱 책임감이 짙었다. 선거 장소에는 관외 선거와 관내 선거 줄이 갈라져 있었다. 관외는 김해를 제외한 타 시도 사람들, 관내는 김해 시민들이다. 선거사무종사원에게 신분증 확인받고 지문인식기에 오른쪽 엄지를 대니 투표용지가 인쇄되었다. '이것도 완전 자동화가 되었네. 선거일에도 이렇게 하려나?' 궁금했다. 기표소에서 기표하고 투표함에 넣었다. 살짝 고개를 돌려 참관인 좌석을 살펴보았다. '선거일에는 나도 저곳에 앉아 있겠지.'

선거일에 빨리 눈이 떠졌다. 오후반이라 느릿느릿하게 준비하면 되지만. 오후 1시 전에 지정투표소에 도착했다. 미리 참관인석을 확인했던 터라 주저 없이 그 자리로 갔다. 오전반과 교대하고 자리에 앉았다. 선거사무종사원이 참관인석에 교대가 다 되니 준비된 서류에 서명받으러 왔다. 기쁜 마음으로 큼지막하게 내 이름 석 자를 네모 칸에 적었다. 오후 8시까지 자리에 앉아서 투표사무가 잘 진행되는지 보는 것이었다.

동네 사람들이 신분증을 가지고 와서 선거사무종사원에게 확인받고 투표용지에 기표한 후 투표함에 넣으면 된다. 선거일에는 지문인식기가 등장하지 않았다. 미리 배송된 선거인명부 번호를 알고 오신 분은 빠르게 진행되었다. 선거인명부를 다 뒤져서 번호를 찾아야 하는 번거로움이 있었다. '이것도 자동화가 되면 좋을 텐데.'

참관인석에 앉아서 계속 투표하러 오가는 시민들을 바라보았다. 한 가족이 함께 와서 투표하고 가는 사람들, 혼자 와서 하는 사람들, 앞치마 하고 잠깐 온 분, 장애인하고 함께 온 분, 어르신 부축하고 오신 분, 꼬마 손 잡고 투표장에 들어온 엄마, 아빠, 이 장소에 오기 위해 미리 시간을 정하고 준비해서 주권 행사하러 나오신 시민들이 자랑스러웠다.

이번 투표는 마음에 품은 대통령에게 국민 한 분 한 분 무거운 권리를 행사하는 것이다. 우리나라를 잘 이끌어 달라는 책임감을 당선되는 대통령에게 넘겨주는 것이다.

선거는 8시 정각에 끝났다. 특별한 보궐선거 참관인으로서 투표소 봉인을 바라보는 영광까지 누렸다.

'내일은 새 대통령이 생긴다.'

도장 꾹, 재시작 버튼

계엄령이 선포되고, 탄핵, 조기 대선이 확정됐다.
나라가 시끄러울 때마다 뉴스는 광란의 축제를 벌였다.
1분에 수십 개씩 새 동영상이 쏟아졌다.

사람보단 숫자가 더 많아진 화면.
여긴 ?% 지지, 저긴 ?% 지지.
지지율은 요동쳤고, 숫자는 춤을 췄다.
나는 투표권을 쥔 시민.
아무도 알려주지 않는 정답을 붙잡으려 매일 밤 고민했다.
아니 정답 있는 척하고 없는 문제집 같다.

누구를 찍어야 하나.
정당도, 후보도, 공약도, 심지어 과거사까지.
하나도 마음에 드는 게 없었다.
포스터를 보면 전부 비슷비슷했다.
'내일의 대한민국을 위하여'
'미래를 여는 리더십'
'계엄의 희망'
폰트만 다르고, 뜻은 다 거기서 거기.

한 손 불끈 쥐고, 환하게 웃는 얼굴.

이빨이 번쩍였다.

거짓말도 광택이 나면 이토록 반짝이는구나 싶었다.

휴가 나올 때 신는 군화 같다.

딱 하루, 반짝이기 위해서 더러움을 닦아 나오는 선거.

투표일이 가까워지자 고민은 점점 구질구질해졌다.

답이 없는 문제를 붙잡고 있다.

그래서 마지막 선택,

운명의 저녁, 아빠와 식탁에 마주 앉았다.

최고령자 아빠의 지혜를 빌리기 위해서다.

맥주와 소주가 뒤섞여 조용히 식도를 흐르고 있었다.

나는 조심스럽게 입을 열었다.

"아빠, 누구 찍어요?"

아빠는 맥주잔을 한 바퀴 돌렸다.

술이 한 바퀴 맴돈 후,

한마디 툭 던졌다.

"?번 찍어. 딴 건 볼 것도 없다."

단호박 같은 단호함.

나는 물었다.

"왜 하필 ?번인데?"

아빠는 기다렸다는 듯 입을 열었다.

?번은 싸가지가 없어서 안 되고,

?번은 싸가지가 있어서 안 되고,

?번은 얼굴이 보기 싫고,

?번은 이름부터 틀렸고,

?번은 죄를 지어서 세탁기 돌려도 안 된다고.

손짓이 거세졌다.

맥주잔이 춤췄다.

거의 개표방송급으로 모든 후보를 탈탈 털었다. 탈곡기처럼.

나는 고개를 끄덕이며 물었다.

"그럼… ?번은 뭐가 좋은데?"

아빠는 잔을 내려놓고,

나를 똑바로 바라봤다.

그리고,

세상에서 가장 명쾌한 답을 내놓았다.

"몰라. 근데 사람이 깨끗해."

그 순간,

술기운이 스르르 가셨다.

모르는데 찍으라고?

웃어야 할지 울어야 할지 몰랐다.

가장 고령의 지혜를 가진 아빠도 모른다.

아빠는 고개를 끄덕이며 덧붙였다.

"근데 딴 놈들보단 낫잖아. 걸어온 길이 달라."

이쯤 되면 무릎을 꿇고 싶었다.

가장 적은 문제점을 가진 사람을 뽑는 나라.

그날 밤, 나는 알았다.

고민한다고 명답이 나오는 게 아니라는 걸.

세상은 언제나 답 없는 문제지.

그리고 투표 날.

투표소 앞에는 깃발이 펄럭였고,

줄은 없고 조용했다.

왜? 사전투표 날 새벽이니까.

기표소 안으로 들어갔다.

용지를 들고, 마지막으로 고민했다.

이름을 보고, 정당을 보고,

로고를 보고, 번호를 보고.

문득, 어젯밤 아빠의 얼굴이 떠올랐다.

'?번 찍어.'

그때 알았다.

이 나라는 색깔놀이, 정당놀이 하다가

결국, '몰라도 누군가는 찍어야' 굴러가는 나라라는 걸.

좋은 나라가 뭔지 잘 모른다.

그냥, 좀

풀칠이라도 할 수 있는 나라였으면 좋겠다.

모든 후보가 싫어도,

결국 아무나 찍어야 하는 게,

민주주의니까.

그래서 나는,
도장을 꾹 찍었다.
모른 채, 아는 척하면서.
한국의 시작 버튼을 눌렀다.

❖ 여행 1 ❖

첫 해외여행은 발리로

"아버지 논이 팔리면 해외여행 떠나자!"

4자매끼리 농담으로 이야기했었다. 엄마 살아 계실 적 논 팔면 자녀들에게 나눠 주기로 했다. 계속 매매가 이뤄지지 않았다. 그러던 중 갑자기 거래되었다. 살면서 목돈 만지기가 매우 힘들다. 이때다 싶어 4자매는 마음을 맞춰 해외로 떠나기로 했다. 부모님께서 보내 주는 해외여행이다.

"어디로 갈까? 언니들 가고 싶은 곳 검색해 봐요."

카톡으로 물어봤다. 막내와 나는 흥동, 언니는 울산, 셋째는 순천에서 산다. 다 함께 모여서 의논하기 힘드니 단체 카톡방을 개설했다. 셋째는 아무 때나 괜찮다 하고 언니는 아무 말이 없다. 간호사 업무가 워낙 바쁘니 그런 모양이다.

막내가 집으로 가는 길에 가게로 들렀다. 어디로 놀러 갈지 이리저리 검색했다. 갑자기 하지원이 연기했던 드라마 〈발리에서 생긴 일〉이 생각났다. 그곳이 가고 싶었다.

"우리 발리에 갈까? 여행 경비가 비쌀까?"

막내가 인터넷 검색해 보고 태국보다는 비싸지만, 제주도 여행보다는 싸다고 했다.

"언니 여권을 먼저 만들어야 여행 예약할 수 있어."

시청 민원실에 여권을 만들러 갔다. 근처 보림사진관에 가서 여권 사진을 찍었다. 현상은 5분 만에 다 되었다. 56세에 처음 여권을 만들려니 기분이 묘했다. 여권 기간도 5년, 10년짜리가 있었다. 동생이 만드는 김에 10년으로 만들라고 했다. 여권 신청서에 작성하고 민원실에 사진과 함께 냈다. 신분증도 확인 후 사진을 스캔하더니. 다른 사진을 달라고 한다. 사진에 이물질이 묻었다고. 2주쯤 지나면 여권이 나온다고 한다. 우편 발송도 가능하고 본인이 직접 찾으러 와도 된다고 한다. 생애 처음 만드는 거룩한 여권을 직접 찾아간다고 했다. 처리를 다 하고 돌아서니 외교부에서 문자가 왔다.

외교부에서 여권 다 만들어졌다고 찾아가라고 문자가 왔다. 남편에게 얘기했더니 시청 가는 길에 찾으러 간 모양이었다. 본인이 아니면 안 주더라고 한다. 찾아와 달라고 부탁도 한 것 아닌데. 며칠 후 신분증 가지고 가서 직접 여권을 받아왔다. 고급스러운 검은 표지에 영어로 쌀라쌀라 적혀 있는 여권을 보았다. 유효기간이 10년이라 통관 도장 찍는 곳이 많았다. 첫 장은 발리 입국 도장이 찍힐 것이다. 많은 도장을 찍을 수 있으려나. 즐거운 상상을 한다. '언제 아들과 함께 일본 여행도 가야지. 일본도 가 보고 싶다.' 여권 사진을 찍어서 막내한테 보냈다.

숙소 정하기가 남았다. 패키지여행 예약하기 전. 인터넷으로 발리 숙소를 검색하는데 다 수영장이 있었다. 래시가드를 입고 놀아야 한 다고 한다. 수영 잘하는 동생들은 물속에서 재밌게 놀겠다. 수영장과 바다가 인접해 있어서 사진상 매우 멋졌다. 특히 석양 사진이 예술이 었다. 내가 찍으면 이렇게 나오진 않겠지만 마음이 설레었다. 새로운 땅, 발리에서 무슨 일이 벌어질까? 기대된다….

막내가 인터넷 여행사에 패키지여행 상품으로 예약했다. 숙소는 그 래도 괜찮은 곳으로 예약했고, 세관세, 건강신고서, 비자발급, 환전 등 이 남았다. 하나씩 막내가 처리했다.

오늘이 발리로 떠나는 날이다. 벌써 3개월이 지났다. 예약하고 돈 보내고 했더니 시간 맞춰서 공항으로 오란다. 2025년 6월 15일 오후 1시에 김해공항에서 여행사 직원과 만남이 있다. 그 전에 4자매가 모 여서 발리로 떠날 준비를 마쳤다. 즐거운 마음을 가지고.

냉동과 해동의 비행기

우리 우정의 한 페이지는 피시방에서 열렸다.

고등학교 시절부터 늘 붙어 다니던 친구와,

마침내 스물다섯, 진짜로 돈을 모았다.

명확한 목표는 하나였다. 해외여행.

행선지는 태국. 이유는 단순했다. 물가가 싸고, 음식이 고수 빼고 맛있기 때문이다.

거기다 5성 호텔도 한국보다 훨씬 싸다 했다.

거창한 이유는 없었지만, 그나마 저렴하게 여행이 가능하니,

두 사람의 마음은 하나로 모였다.

"태국 가자."

그렇게 우리는 PC방을 태국 외교 사무소로 만들었다.

예약 사이트 수십 개를 넘기고,

5성 호텔 비교표를 엑셀로 정리하며,

비행기 좌석까지 직접 고르면서,

우리의 마음은 이미 태국 하늘을 날고 있었다.

한창 일정을 짜던 그때,

스크롤 소리와 난방 바람 속에서,

여름에 대한 공포도 함께 찾아왔다.
한국은 겨울인데,
태국은 매일 끈적한 계절이라는 사실.

우리는 그 사실을 무시했다.
환전도 해뒀고, 호텔도 예약했고,
무엇보다 여권 유효기간도 넉넉했으니까.

출국 당일,
두툼한 겨울 패딩을 입은 채,
캐리어를 질질 끌고 공항에 도착했다.
사람들 틈에서 들뜬 마음을 숨기려 애썼지만
'공항 패션'이라 우긴 겨울 패딩 아래에 반팔과 반바지가.
우리의 흥분을 고스란히 드러내고 있었다.
짐을 붙이고, 보안 검색대를 지나,
비행기 탑승 게이트 앞에 섰을 때,
순간 깨달았다.
우리가 진짜 떠나는구나.

비행기 안은 조용했고,
주변 승객들의 담요 속 숨소리만이 들렸다.
우리는 속으로 말 없는 대화를 나눴다.

이게 진짜 가능했던 일이 맞나?

고딩 때 "우리끼리 여행 함 가자."라던

아지트였던 피시방에서의 농담이 현실이 되다니.

눈을 감았다 뜨니,

파타야공항이었다.

비행기 문이 열리는 순간,

얼굴을 때리는 습기와 더위가

환영 인사를 대신했다.

겨울 패딩은,

거기서부터 완전히 무용지물이 되었다.

부피가 크고 찬 바람을 막아 주던 겨울 패딩은 캐리어를 가득 채우는 짐덩이가 되었다.

그 순간, 우린 동시에 똑같이 생각했다.

'이제 진짜 시작이구나.'

모든 게 낯설고, 어리둥절했고,

덥고, 습하고, 한국어가 안 들렸다. 한국 간판도 없다.

너무 덥고, 너무 습하고,

그 모든 게 괜히 웃겼다.

겨울바람에 냉동되다가 여름 찜통에 해동되었다.

갑자기 딴 세상에 온 기분.

지금 생각해 보면

여행의 시작은 비행기 출발이 아니었다.

아니, 공항도 아니었다.

그보다 훨씬 전,

피시방 한편에서 지도를 펼치고,

망고 사진을 보며 꿈을 키우던 그때,

이미 여행은 시작되고 있었는지도 모른다.

여행은 여행지가 아니라 검색에서부터 시작되는 게 아닐까?

✦ 여행 2 ✦

발리로 가자

드디어 인생 첫 해외여행 가는 날이 밝았다. 4자매가 흥동에서 모여 경전철 타고 김해공항 갈 예정이다. 오후 1시 김해공항 모두투어 여행 담당자와 만나고, 오후 5시 김해공항에서 비행기를 타고 자정에 발리 덴파샤공항에 도착할 예정이다. 발리 입국 절차를 다 마치고 공항을 빠져나가면 가이드가 기다리고 있을 것이라고 했다.

우리는 해외여행 경험이 많은 막냇동생을 따라 탑승 절차 및 수화물 위탁, 보안 검색 및 출국 심사를 거쳐 탑승구로 이동했다. 탑승구에 도착해 있어야 여유롭게 비행기를 탈 수 있다. 탑승구에는 이미 다양한 사람들이 각국 언어를 사용하면서 삼삼오오 기다리고 있었다. 우리는 비행기 탑승까지 약 3시간 여유가 있었다. 그곳은 다양한 식당과 카페가 있었다.

기내식을 신청하지 않은 우리는 맛있는 저녁 식사를 하기로 했다.

이것저것 다양하게 나오는 식당을 찾아서 왁자지껄하게 앉았다. 그곳에 들어서니 외국인들이 특히 눈에 띄었다. 다양한 언어들이 귀 옆에서 노래를 불렀다. 여행의 설렘을 가득 안은 우리의 얼굴에는 미소가 떠나지 않았다.

식당에서 자기가 좋아하는 메뉴를 각각 주문했다. 나는 초밥과 메밀국수, 치즈돈까스 셋째는 김치돈가스였다. '특이한 음식 김치돈가스가 뭘까?' 궁금했다. 키오스크로 주문하고 한참 기다리니 자동레일로 음식이 도착했다. 셋째는 "나 고기가 물에 빠진 거 안 좋아해!" 매운 김치찌개 국물에 돈가스의 느끼함을 잡으려 한 것 같은 요리였다. 김치찌개에 돈가스가 빠져 있었던 음식이었다.

"커피까지 내가 쏜다아~" 남편에게 용돈 받은 티를 팍팍 냈다. 모든 주문은 키오스크가 담당하고 있었다. 그곳에는 이미 다양한 나라의 사람들이 길게 줄 서 있었다. 두 개의 키오스크가 주문을 받고 있었는데 영어와 여러 가지 언어가 저장되어 있었다. 앞에 선 미국인이 주문하고 결제를 하려는데 카드를 어디에 넣어야 할지 찾고 있었다. 그냥 내가 가서 그 카드 구멍을 가르쳐 주었다. "땡큐." 하는데 괜히 어깨가 으쓱했다. 근데 결제가 되지 않았다. 막내가 가서 잔액 부족(NO CASH)이라 뜬 것 같다고 간단한 영어로 얘기했다. 다른 카드로 결제를 한 외국인은 자리에 앉았다.

우리 차례다. 키오스크가 상당히 복잡했다. 외국어로 주문이 되다가 한국어로 화면 이동을 어찌하지? 우리는 어리둥절했다. 주문호출을 눌러서 도와달라 하자고 결정했다. 여기 한국이니까! 주문대에서 호출하신 분! 오라고 불렀다. 그곳에서 한국어로 주문을 하고 기다렸다. 아이스아메리카노와 아이스 음료를 어울려서 마셨다. 중간중간 화장실도 가고 수다도 떨었다.

시간은 점점 비행기 탑승구로 우리를 데려갔다. 에어부산에서 4번 게이트로 탑승하라는 문자가 개별로 왔다. 미리 화장실 갔다가 여권과 비행기표를 찾았다. 카페에서 나와 그곳에서 기다렸다.

여기저기서 사진을 찍다가 '안녕 김해공항'이라는 포토존 발견! 막내와 나는 번갈아 가면서 사진을 찍으려 했다. 막내는 날씬하게 보이는 사진 찍기를 가르쳐 주었다. 땅딸하게 자기를 찍지 말라고 잔소리를 무진장하면서. 공항 입구에서 사진을 찍어 줬더니 모두 다 나의 사진 촬영 기술을 문제 삼았던 모양이었다.

탑승구 앞에 줄을 서면서 여권과 탑승권을 손에 꼭 쥐었다. 마음은 두근반세근반 뛴다. 생애 처음 만든 여권을 들고 발리로 간다. 줄이 점점 줄어들면서 비행기로 우리를 흡수해 버렸다. 지정 좌석에 앉아 있으면 비행기가 우리를 발리로 데려다줄 것이다. 안녕 대한민국!

25년 6월 22일

럭키 파충류

발을 디딘 그 순간,

확실히 느낄 수 있었다.

이건 한국이 아니다. 공항 직원들의 느긋한 모습에 화난다.

분명 비행기는 도착했는데,

우리 짐은 도착할 생각이 없었다.

회전하는 수하물 벨트 앞에서

한참을 서 있었더니

옆에 서 있던 외국인의 플라스틱 캐리어가

참- 소리를 내며 기적처럼 나타났다.

하지만… 뭔가 이상했다.

한쪽이 찌그러져 있었다.

진짜였다. 캐리어가 마치 싸우다 온 것 같았다.

우리 둘은 그걸 보고 약간 불안해졌다.

'우리 짐도 저렇게 오면 어떡하지?'

다행히 우리 캐리어는 무사했다.

무사하다는 건,

물리적으로 그랬다는 뜻이다.

정신적으로는 아직 충격받을 일들이 많이 남아 있었다.

첫날은 저녁 늦게 도착한 터라,
숙소는 잠만 잘 3성짜리 호텔로 가볍게 예약해 두었다.
이름만 들으면 꽤 괜찮아 보이는 호텔이었는데,
택시 기사님이 우리를 태우고,
시내를 벗어나기 시작했을 때,
우리는 본능적으로 느꼈다.
뭔가… 지금 방향이….
약간 시골이다.

가로등이 하나둘 줄어들고,
길가에는 못 읽는 현지의 이상한 간판들,
그리고 어딘가 매운 냄새와 개 짖는 소리가 뒤섞이는 가운데,
택시는 묵묵히 달리고 있었다.

완전 불안에 떨고 있을 때,
도착한 호텔은 생각보다 멀쩡했다.
외관도 깔끔했고, 직원도 웃고 있었고,
에어컨도 빵빵했다.
우리는 안도의 한숨을 내쉬며,
짐을 풀고, 샤워를 마치고,
"이 정도면 괜찮은데?"라는 말을 하며,
새벽까지 헛소리를 나눴다.

그런데….

그 녀석이 나왔다.
작고 날렵하고 벽을 타고 다니는
누군가의 조상님.

우리는 동시에 얼어붙었다.
"뭐야, 이거 뭐야!"
벽에서 빠르게 내려와,
바닥으로 사라지는 그 생명체.
현지 이름으로는 '칭총'인지 '찡쫙'인지 하는 도마뱀이었다.

우리는 호텔 직원에게 물었다.
직원은 웃으며 말했다.
"오~ 칭총~ 럭키 애니멀! 굿럭! 잡지 마요!"
행운을 가져다주는 도마뱀이란다.
그건 당신 기준이고요.
한국인인 우리에겐 그냥,
이세계의 괴수일 뿐이었다.

직원이 호텔 건물을 나와 벽면을 보여줬다.
우리 둘은 비명도 못 질렀다. 벽면을 오르는 도마뱀 군단. 정말 수십 마리의 도마뱀들이 벽을 타고 돌아다녔다. 내가 볼 땐 현지에서도 잡다 잡다 안 되어서 운을 준다고 포장한 게 아닐까 싶을 정도의 숫자였다.

저렇게 많은 걸 보니, 방에는 하나뿐이라 다행이라고 해야 하는 걸까. 바퀴벌레보단 나은가… 하고 위안했다.

방으로 돌아와,
한동안 불안한 눈으로 돌아다니며,
칭총의 동선을 감시했지만,
피로가 승리했다.
결국 침대에 누워,
"에이 모르겠다."라는 말과 함께,
도마뱀과 동침하게 되었다.
참고로, 그는 끝까지 침대엔 안 올라왔다. 아마 올라왔어도 난 안 올라온 것으로 믿고 싶다.

다음 날 아침,
우리는 침대에서 벌떡 일어나,
가장 먼저 캐리어를 열었다.
혹시라도 도마뱀이 들어갔을까 봐,
속옷 틈새까지 전수조사를 실시했다.
한껏 진지하게 검문검색을 하다가,

문득 마주친 친구 얼굴을 보고,
둘 다 터졌다.

이게 뭐냐.
태국 와서 도마뱀 수색이라니.

결국 우리는 웃으며 캐리어를 닫았다.
"그래, 이제 진짜 파타야로 가보자."
칭총도, 숙소도, 수상한 택시도,
이제는 우리 여행의 일부가 되어 버렸다.

여행의 시작은 늘 어설프고,
가끔은 바보 같고,
때론 도마뱀과 동거를 한다.
하지만 그런 게 있다.
돌아와서 가장 먼저 얘기하게 되는 건,
대개 그런 이야기들이다.

그날의 도마뱀.
너는… 첫날을 장식해 준 3성급 호텔의,
5성급 주인공이었다.

❀ 여행 3 ❀

신의 도시 발리로

"안녕! 대한민국. 다녀올게. 잘 있어."

김해공항에서 출국 절차를 마치고 비행기에 오르기 전에 입 밖으로 나온 말이었다. 비행기에 탈 때 연결 통로를 통했다. 셔틀버스보다는 훨씬 편했다. 배정된 좌석에 앉았다. 안전띠를 매고 비행기가 움직이길 기다렸다. 스튜어디스가 안전에 대해 교육을 했다. 이후 이륙한다는 안내 설명이 있었다. 비행기는 서서히 움직이더니 굉음을 내다가 구름 속을 통과해 대기권에 들어갔다. 조그마한 창으로 밑에 구름을 쳐다보는데 기분이 이상했다.

기내식을 신청한 사람은 나오고 면 종류 등을 시켜 먹을 수 있었다. 앞좌석 부모님은 아이가 라면 먹고 싶다니 시켜 주었다. 비행 시간은 7시간 정도, 몇 번의 기류 변동으로 비행기가 흔들렸다.

"신의 도시 발리에 도착합니다."라는 안내가 나왔다. 무사히 착륙했다. 덴파샤공항에서 내리니 셔틀버스로 본관 건물로 우리를 이동시켰다. 버스에서 내리니 제일 먼저 눈에 띄는 것은 석상이었다. 양쪽 바닥에 있는 동물 석상 2개가 우리를 보고 있었다.

공항이 무척 컸는데, 사람이 가득했다. 입국하는 관광객으로 거대한 공항을 채우는 기분이었다. 시간은 새벽 1시로 다가가고 있었다. 자연스럽게 줄지어서 섰다. 비자를 발급받아야 했다. 외국인, 한국인, 아이들 할 것 없이 한 줄로 섰다. 네 군데로 나누어져 줄이 서 있었다. 우리는 카드로 계산하려고 했는데, 여권 개수대로 루피아(현금)로 계산해야 한다고 했다. 가방 깊숙이 있어서 현금 준비하느라고 시간이 더 걸렸다.

비자 발급을 마치고, 우린 공항을 나가려 했다. 사람들이 여기저기 흩어져 있다. 줄 서 있는 곳이 보여 홀리듯 다가갔다. 바코드 표시가 있는 곳이었다. 줄 서 있는데 갑자기 외국인이 출구가 어디냐고 물었다. 우리도 관광객이라 모른다고 했다. 공항 출구가 이 줄이 맞는지 연두색 조끼를 입은 현지인에게 물으니 모른다고 했다.
이 줄이 아닌가 싶어서 넓은 공항을 돌아다니다가 다른 현지인을 발견해 다가갔다. 그 사람은 바코드 표시가 있는 쪽을 가리켰다. 아까 처음 그곳. 완전 똥개훈련이었다.
그쪽으로 가니 바코드 확인을 받고 공항을 탈출할 수 있었다.

출구를 나오니 통로에 면세점과 상점이 줄지어 있었다. 닫힌 곳도, 공사하는 곳도 있었다. 새벽 1시가 넘었는데…. 밤에도 공사하네. 인테리어를 하는 것 같았다. 그렇게 구경하며 걸어서 상점이 있는 통로를 지나 외부로 나왔다.

습한 인도네시아 발리의 공기가 우리를 안아 주었다. 두리번거리니 이름 적힌 종이를 들고 사람들이 빼곡히 서 있었다. 발리 가이드들일까? 처음 보는 풍경이었다. 영어, 일본어, 한국어 등이 적힌 종이가 신기했다.

마치 이산가족 찾기 하는 프로그램을 눈앞에서 보는 듯했다. 가이드를 찾기 위해 동생이 앞서 걸었다. 나는 중간쯤 가다가 큰 종이에 낯익은 이름을 발견했다. 동생 이름을 발견해, 먼저 걸어가던 동생을 크게 불렀다. 그 소리를 들었는지 가이드도 반가워서 바로 나왔다. 그렇게 발리에서 현지 가이드를 만났다.

짐과 함께 우리는 승합차에 가이드와 함께 탔다. 숙소는 뮬리아호텔이었다. 주변이 캄캄해서 어디로 가는지 잘 보이지 않았다. 잘 가고 있는 거겠지? 의심스러웠다. 그래도 다행히 5분쯤 가니 뮬리아호텔에 도착했다. 가이드는 숙소 체크인까지 도와줬다. 놀랍게도 숙소를 이용하려면 보증금이 필요하다고 한다. 카드로 계산하라고. 예방 차원인지. 그냥 가는 사람들도 있어서 그런 것일까? 인도네시아 발리 호텔에는 보증금이 존재했다. 선불로 내고 호텔에서 사용하지 않는 서비스는 환불이 된다고 했다. 한국 사람들이 이 제도로 민원을 많이 넣는다고 했다.

일단 내라고 하니 지불한 뒤에 긴 복도를 따라서 걸었고, 엘리베이터를 탄 뒤 얼마쯤 걸었다. 어두워서 호텔 내부를 잘 볼 수 없었지만 큰 나무들과 물이 많았다. 짐을 옮겨 주는 직원의 안내를 받아 무사히 숙소에 도착했다. 더블베드가 있는 방 2개다.

방에는 시원하게 에어컨이 켜져 있었다. 화장실도 으리으리했다. 화장실 들어가니 자동으로 변기 뚜껑이 열렸다. 새벽 2시가 다 되어 가고 있었다. 가이드 말로는 10시 30분에 호텔 로비에서 만나자고 했다. 자야 하는데 설레서 잠이 오질 않는다. 7시간 비행기를 타고 내리는 딴 나라. 호텔까지 우여곡절도 많았지만, 그래도 결국 시간이 가면 도착하는 법이었다.

25년 6월 29일

별 2개 추가된 5성 호텔의 기강 잡기

태국에서의 첫날 밤, 도마뱀 '칭총'의 충격에서 벗어나기도 전에 우리는 정신없이 호텔을 나왔다. 파타야에서 묵게 될 진짜 숙소, 5성급 호텔로 향하는 날이었다.

호텔 앞 길가에서 택시를 잡았다. 우리는 두 명의 외국인, 두 개의 큰 캐리어, 그리고 자신감이라고는 전혀 없는 태국어 발음까지 완벽한 관광객 상태였다.

당연히 구글 지도를 펼치고 어설픈 영어로 목적지를 설명할 수밖에 없었다. 다행히도 구글 지도를 보는 순간 기사님의 얼굴에 빛이 들었다. 아, 말은 안 통해도, GPS는 인류 최고의 발명품이었다.

여행 준비를 하며 블로그를 뒤지다가 미리 알아 둔 팁이 있었다. 바로 '절대로 미터기를 쓰지 마라'였다. 호구 여행객의 돈을 빨아먹는 무서운 미터기 괴담을 이미 수십 편 읽은 우리는, 단호하게 선불로 값을 정하고 택시에 올라탔다. 기사님은 다소 아쉬운 표정으로 수락했다. 마치 큰 물고기를 잡으려다 놓친 낚시꾼의 얼굴이었다.

그런데, 불안은 끝나지 않았다. 차가 조금 가다가 갑자기 멈추더니, 길가에서 기다리고 있던 성인을 태우는 것이었다. 갑자기 차 앞좌석에 그 성인이 무표정한 얼굴로 올라타자, 우리 둘은 동시에 간담이 서늘해졌다. 관광객을 대상으로 한 신종 범죄일까? 한참을 가면서도 친구와 나는 서로를 보며 눈치를 봤다.

하지만 다행히도 우리 둘은 뒤에서 어설프게 미소 지으며, 아들의 열띤 태국어 질문과 아버지의 열정적인 설명을 전혀 이해하지 못한 채 공손히 기다렸다. 분위기상 그냥 운전 알려 주는 느낌이 들었다.

그렇게 우리에게는 무척이나 길게 느껴진 택시 여행이 끝났고, 마침내 목적지인 5성급 호텔에 도착했다.

호텔에 발을 들이자 그동안의 불안감이 단숨에 사라졌다. 로비는 시원한 에어컨 바람과 은은한 향기로 가득 차 있었다. 키를 받아 객실로 향하는 길에 본 호텔 공용 수영장은 블로그 속 사진 그대로였다. 그것만으로도 이미 마음은 부자가 된 느낌이었다.

방 안에 들어서자, 우리의 기대는 현실이 되었다. 방에는 성인 남자 두 명이 각자 대자로 뻗어도 공간이 남을 만큼 커다란 침대가 두 대나 있었고, 테라스로 나가면 파타야 바다가 내려다보이는 시야였고. 태국어 광고 소리만 울려 대는 무용지물의 초대형 TV까지 완벽히 갖춰져 있었다. 테라스에 나가 아래를 내려다보니, 파타야의 푸른 바다가 눈부시게 펼쳐져 있었다. 이 순간만큼은 우리가 태국 최고의 부자가 된 것 같았다.

짐을 풀고 호텔 내부와 주변을 슬슬 탐방하다가, 이 더운 나라의 강렬한 햇살이 슬슬 버거워질 무렵, 우리는 얼른 객실로 뛰어 들어가 수영복을 챙겨 호텔의 야외 수영장으로 향했다.

특이하게도 이 호텔의 수영장은 7층쯤 되는 건물 중간에 자리 잡고 있었다.

수영장에 누워 하늘을 바라보면 마치 호텔 건물들이 우리를 빙 둘러 싼 듯한 이상한 기분이 들었다. 수영장은 생각보다 깊어서 놀기 딱 좋은 깊이였다. 낭만 있는 호텔 외벽과 수영장.

우리는 조용히 썬베드에 눕고, 능숙한 척 선탠 자세를 취하며 여유를 만끽했다.

충분히 물장구를 치고, 수영장 물을 실컷 마신 후, 배가 고파져서 옷을 갈아입고, 수영장 물로 출렁이는 배를 안은 채 밖으로 나갔다.

태국은 마사지를 빼놓을 수 없다는 블로그 여행 선배들의 조언에 따라, 호텔 근처 유명 마사지 샵으로 들어가 경락 마사지를 받았다. '아, 마사지가 이렇게 시원하면서도 괴로운 일이었나.' 싶을 정도로 우리는 마사지 내내 낯선 통증과 시원함 사이에서 울먹였다.

그날 저녁, 마사지로 축 늘어진 몸을 이끌고 야간 바다 산책을 했다. 바다는 어두워졌고, 파도 소리와 길거리의 작은 가판대에서 흘러나오는 음악 소리만이 거리를 채웠다. 길거리 음식도 가득 사고 맥주도 편의점에서 구입해 올라왔다.

호텔로 돌아와 테라스에 앉아 우리는 시원한 태국 맥주를 거하게 마셨다. 병이 비워질 때마다 어젯밤 '칭총 도마뱀'부터 오늘 택시의 스릴러 같은 경험까지, 온갖 우스운 일들이 한 번에 몰려왔다.

우리는 웃으며 그날 하루를 그렇게 정리했다.

그날 밤 침대에 누워 바라본 천장에는 망할 '칭총'도 없었고, 타지의 불안함도 없었다. 오로지 느긋한 행복과 앞으로의 여행에 대한 기대만이 있었다. 더 큰 기대는 내일도 이 여행이 지속된다는 것이다.

✤ 여행 4 ✤

발리는 발리 했다

　오전 6시쯤 눈이 떠졌다. 밤새 찬 공기를 흡입했던 탓인지? 호텔 조식이 궁금해서인지? 하얀색 침구가 몸을 꽉 감싼 촉감이 매우 좋았다. 호텔은 에어컨을 계속 켜놓는 모양이다. 자다가 추워서 끄려고 했지만, 온도만 높일 수 있었다. 집에선 '여름에도 따듯하게 장판 켜고 자는데. 내 몸이 잘 견딜 수 있으려나?' 걱정이었다.

　2인 1실로 방 배정을 했는데 아주 조용한 언니와 난 한 방이었다. 언니는 오랜 간호사 근무로 밤 8시면 취침하고, 오전 5시면 기상하는 습관이 몸에 배어 있었다. 새벽 2시쯤이었으니 호텔 도착하자마자 씻고 잠에 떨어졌었다. 나는 욕조에 따듯한 물을 털어서 몸을 담그고 나왔다. 아쉬워서 일기장을 꺼내서 몇 자 끄적거리니 잠이 왔다. 옆방에 있던 동생들과 함께 멋진 조식 장소로 향했다.

　방문을 여니 아주 큰 열대 식물들이 눈 안에 들어왔다. 축축하고 더운 열기도 느껴졌지만. 조경공사에 매우 신경을 쓰고 있는 듯했다. 크고 정돈이 잘된 복도 풍경에 언니는 "구석구석 조그만 예술품들이 숨어 있다."라고 매우 좋아했다. 중간중간 호텔 직원들이 눈을 마주치며 "굿모닝?" 인사를 해줬다. 유리로 만들어진 조식 장소는 외부 풍경들을 다 느낄 수 있었다. 전경은 호텔 수영장, 열대야 식물, 곳곳에 있던 석상, 예술 작품들이 눈에 띄었다.

입구에서 직원에게 호텔 방 번호를 얘기하고 내부에 자리를 배정받았다. 나는 바깥 자리에 앉고 싶었다. 바깥 자리는 식탁마다 촛불이 있고 외부 풍경을 더 볼 수 있었고 실내에 북적거리는 인파를 피할 수 있다. 음식을 가지고 왔다 갔다 하려면 멀고 덥고 습하다는 게 단점이었다.

조식은 뭐가 있을까? 여러 음식이 만들어져서 곳곳에 채워져 있었다. 숨은 음식 찾기 했다. 많은 호텔 직원들이 한 가지씩 맡은 일을 하고 있었다. 커피 따라 주는 직원은 잔이 비워지면 바로 "Would you like some more coffee?"라고 묻는다. 영어는 만국 공통어. "yes." 할 때마다 하얀 잔에 커피가 찰랑찰랑 채워졌다. 빈 접시를 소시지, 계란, 고기, 야채로 채웠다. 착즙 음료도 레몬, 수박 등으로 가져왔다. 초밥과 연어 튀김, 무엇보다도 이쁘게 만들어진 조각 케이크가 눈에 띄었다. '커피랑 먹으면 정말 맛있겠는데?' 냉장고에 들어 있었다. 직원에게 꺼내 달라고 해야 한다. 영어 문장이 생각이 안 나서 그냥 왔다.

'소심한 나'를 원망하며 영어 회화를 잘하는 사람들이 부러워졌다. 자리에 앉으니 카페라테가 날 기다리고 있었다. 커피 따라 주는 직원이 권유해서 막내가 시켰다는 것이다. 발리 커피는 진하고 맛있었고 라떼의 풍미는 분위기와 함께 만끽할 수 있었다. 4자매는 짠 하면서 사진도 남기고 이것저것 가져와서 먹기 바빴다. '여기까지 와도 계속 먹었고 맛을 아는 것만 찾을 줄이야…'. 셋째는 김치와 깍두기를 들고 와서 먹고 있었다. 대한민국을 떠난 지 며칠 되었다고?

배불리 먹고 호텔 정원을 산책했다. 곳곳에 이쁜 조경과 물들이 넘쳐났다. 수영장, 썬베드 등이 있었다. 넓고 넓은 곳에 아주 큰 석상이 있었다. 엄마 모양의 큰 석상은 바구니를 들고 있었다. 아주 귀하게 여기는 듯한 석상. 마치 어미가 아기를 보고 있는 모양이었다. 셋째는 배가 아프다고 방으로 먼저 올라갔다. 뜨거운 햇살은 여기저기 이쁜 풍경에 우리를 담는 것을 막지 못했다. 첫째는 사진보다 그냥 걸어 다니는 것을 좋아했다. 막내와 나는 여기저기서 사진을 찍었다. 수영장이 곳곳에 조성 되어 있었고 얕은 수영장에서 이미 꼬마들과 함께 노는 외국인 가족들도 보였다. '우리는 이곳에 놀러 왔구나!' 실감이 된다.

오전 10시 30분, 호텔 로비에서 가이드와 만났다. 우리 팀 4명, 다른 팀 3명이 함께 움직인다고 했다. 한껏 멋을 부린 우리는 호텔 로비로 나갔다. 가이드는 이미 우리를 기다리고 있었다. 발리 전통 의상을 장착한 가이드는 40대 중반의 남성이었다. 머리는 천으로 돌돌 말아서 올린 모자를 썼고 천으로 만든 치마를 입었다. 5년 정도 부산 공장에서 일했다고 하는 가이드는 그곳에서 아줌마들에게 한국말을 배웠다고 한다. 우리와 함께하는 다른 팀도 자매들이었다.

발리 여행 처음 코스는 가루다 공원. 10인승 승합차를 아주 넓게 사용했다. 발리 거리는 석상이 중간중간 있었다. 가이드가 말하길 발리는 신의 마을로, 석상이 많다고 했다. 신은 주로 동물, 그중의 최고의 신은 독수리라고 했다. 사람 형상은 악마라고 했다. 가루다 공원의 독수리 석상이 우리를 맞이하고 있었다. 입구를 지나 야외 공연장에서는 발리 현지 음악에 맞춰 전통복장을 입고 사람들이 춤을 추고 있었다. 관광객에게 배우는 시간을 함께 줘서 참여할 수 있도록 했다. 어떤 미국인은 함께 즐기기도 했다. 발리는 화산으로 만들어진 섬으로, 돌이 매우 많다고 한다. 돌을 깎아서 가루다 공원을 만들었고 대형 석상은 발리 문화를 담아서 관광지로 급부상했다고 한다. 돌을 기계로 깎아서 만들었는데 규모가 매우 웅장했다. 몇 개의 포토존에서 열심히 사진을 찍었다. 이런 곳에 4자매가 왔다니. 몇 장의 사진을 남겼지만, 석상과 하늘은 내 마음에 담아 왔다.

근처 현지식으로 점심 요기를 했다. 야채와 치킨, 밥, 새우깡이 있었다. 더운 데를 돌아다녀서 그런지 다른 것은 눈에 안 들어왔다. 가이드 말로는 발리 주민들은 너무 살기 어려워서 밥과 새우깡을 먹었다고 하는데…. 나는 시원한 물과 야채만 먹었다. 그리고 들어오면서 봤던 스타벅스에 갔다. 가이드는 편하게 우리가 가고 싶은 장소에 있도록 해줬다. 시원한 스타벅스에 들어가서 아이스아메리카노를 마셨다. 발리까지 와서 스타벅스라니.

울루와뜨사원으로 이동하면서 가이드는 야생 원숭이가 소지품을 탈취해 갈 수 있으니 주의하라고 당부했다. 사원에 갈 때는 짧은 바지를 입은 나에게 가이드가 보라색 천으로 치마를 만들어 줬다. 다른 사람은 천으로 벨트를 해 주었다. 사원은 열대 숲으로 우거진 곳을 지나야 했다. 선글라스와 모자는 비싼 건 아니지만 다 벗어서 가슴 쪽으로 안았다. 원숭이의 그런 행동을 들으니 미리 겁먹어서 아무것도 보이지 않았다. 사원도 한국 드라마 〈발리에서 생긴 일〉에 나왔다고 한다. 기도하는 사람만 내부를 들어갈 수 있고, 관광객은 외부만 볼 수 있었다. 계단에서 사진을 찍었고, 절벽사원이어서 바다가 내려다보였다. 습하고 더웠지만 사진은 열심히 찍었다. 가이드가 소원이 있다면 합장을 해서 빌라고 했다. 각자 자기 소원을 빌었다. 나는 우리 집 아무사고 없이 짓게 해 달라고 했다.

빠당빠당 비치로 향했다. 입구부터 많은 외국인이 붐비고 있었다. 좁고 기괴한 돌들이 계단처럼 연결되어 있었다. 이곳에도 원숭이들이 있었다. 그보다 많은 사람이 수영복을 입고 해변을 즐기고 있었다. 모래사장을 썬배드 삼아 자유롭게 누워 있었다. 보드도 대여해 주는 모양이었다. 파도가 그다지 높지 않아 발리는 초보자가 보드 배우기 좋은 장소라고 했다. 햇볕이 따가웠고 바닷물은 차가웠다. 샌들에 스멀스멀 들어오는 모래알이 싫었다. 벗어서 손에 들고 백사장을 거닐었다. 해변은 은밀하게 돌로 싸여 있는 비밀스러운 공간이었다. 인도네시아 발리 빠당빠당비치에 무좀 있는 내 발을 담그고 왔다. 가이드 말로는 빠당빠당이라는 말은 한국말로 반짝반짝이란다. 바닷물이 햇빛을 받아서 반짝반짝 빛난다고. 옛날에는 이곳이 누드 비치로 유명했다고 한다. 전 세계 파파라치가 몰려서 정부에서 금지했다고.

발리 마사지를 받으러 갔다. 내부는 시원하고 깨끗했다. 허브 향인지는 몰라도 그런 향이 났다. 인체 그림이 그려진 종이를 받았다. 마사지하면 안 되는 곳은 표시해 달라고 했다. 2명은 다른 방, 5명은 한 방으로 들어갔다. 환복하고 누워 있으니 마사지사가 들어왔다. 먼저 엎드려 누워 달라고 했다. 간단한 영어로, 보디랭귀지로 소통을 했다. 나의 마사지사는 일단 음성에서 나오는 편안함이 있었다. 발바닥부터 살살 만져서 다리, 허리, 목, 머리까지 혈을 눌러서 풀어 주는 것 같았다. 시원하고 편안했다. 특히 뭉쳐진 어깨가 다 풀어진 것 같았다. '얼굴도 받을걸.' 1시간으로는 부족했다. 좋았는데 아쉬운 마사지였다.

해변에서 먹는 저녁 식사는 베이비킹크랩이 있다는 곳이다. 주차하고 해변으로 찾아갔다. 식당을 통과해서 가야 하는 곳, 이미 식당은 연기로 꽉 차 있었다. 숯불로 킹크랩이나 생선을 굽는 모양이었다. 노을이 이쁘게 내려앉은 해변에 많은 테이블이 놓여 있었다. 한국으로 치면 해운대 백사장에 테이블들이 놓여 있는 것이다. 바다와 매우 가까운 곳에서 노을을 보며 저녁 식사를 하는 것. '어쩌면 발리라서 할 수 있는 관광이 아닐까?' 하는 생각이 들었다. '와인을 한잔해도 좋았을걸.' 막내가 마트에 들러 맥주 사서 숙소에 가서 먹자고 했다. 이런 분위기 좋은 곳에서 와인 한잔과 베이비킹크랩을 먹는 것도 좋았을 텐데.

가이드에게 부탁해서 가까운 마트로 가자고 했다. 호텔에 먹을 것이 없다고. 다른 팀에서 가자고 하는 곳은 안 가고, 우리 팀이 가달라고 하는 곳은 잘 들어주었다. 막내가 말을 이쁘게 해서 그런 것 같았다. 막내는 마트에 가서 냉동되어 있지 않은 망고스틴을 먹고 싶어 했다. 발리에서는 용과나 망고를 먹지 않는다고 한다. 태국에서 먹는 빈땅 맥주와 안주를 샀다. 막내가 생망고스틴을 사 왔다. 맛만 봤는데 신선했고 입안에서 살살 녹았다.

숙소에 와서 씻고 4자매는 막내 방에서 만나기로 했다. 간단한 컵라면과 맥주 한 병씩 먹기로 했다. 호텔은 청소가 되어서 정리가 되어 있었다.

나는 아들에게 생일 선물로 받았던 워치를 충전하려고 했다. '어디다 놓아 뒀을까? 아침에 청소할 것 같아서 어디 잘 뒀는데.' 기억이 나질 않는다. 약 1시간 동안 찾으러 다녔다. 언니도 "어디 잘 뒀을 것이다. 막내가 있는 방에 가서 컵라면 먹자."라고 했다. 갑자기 침대 옆 조그만 서랍 칸을 열어 봤다. 그곳에 충전기가 고이 모셔져 있었다. 요즘 특히 뭔가 해결이 되지 않으면 다음으로 넘어가지 않는다.

막내 방에서 빤땅 맥주를 의무적으로 마셨다. 무슨 맛인지 잘 몰랐다. 언니는 피곤하다며 먼저 숙소로 가서 잔다고 했다.

그러던 중 셋째가 트로트 가수 팬이었는데 그 표를 구하게 해달라고 울루와뜨사원에서 빌었다고 했다. 그래서 그런지 구했다고 매우 좋아했다. 이번에 시험을 치르고 발리 여행을 간 막내는 그 합격을 빌었다고 했다.

숙소로 돌아왔는데 여행의 왁자지껄한 분위기는 아니고 차분한 마무리였다.

25년 7월 6일
수압이 아주 고수시네요

태국에서 세 번째 날의 아침.
거하게 마신 어젯밤의 맥주 덕분에 눈을 떴을 땐 이미 머릿속에서 북소리가 울렸다.
잠시 멍하니 천장을 바라보다가,

문득 불길한 느낌이 들었다.

그 느낌의 이유는 금방 깨달았다.

핸드폰 시계를 보는 순간, 우리가 '일생일대의 해양 스포츠 체험'을 예약했었다는 사실이 스쳐갔다.

예약 시간은 이미 한참 전이었다.

우리 둘은 동시에 벌떡 일어나 서로를 멍하니 바라봤다.

이건 늦잠이 아니라 사고였다.

급히 옷을 주워 입으며,

"어쩌지, 우리 완전 늦었는데…" 하고 혼란에 빠졌을 때,

전화가 왔다. 예약한 관광 업체였다.

너무 늦어서 이미 놓친 줄 알았는데,

담당 직원은 능숙한 한국어로 말했다.

"괜찮아요. 뒤 타임 사람들하고 묶어서 같이 갈 수 있어요."

너무 친절해서 약간 감동했다.

어쩌면 우리 같은 사람이 많아서 그런 걸지도 모르겠다는 생각도 잠깐 했다. 한국인 하면 술이고 술 마시면 숙취에 지각은 필수코스였다.

서둘러 준비하고 내려가니 승합차가 기다리고 있었다.

우리가 탑승한 픽업 승합차엔 온통 외국인들뿐이었다.
미국인인지 유럽인인지 구분도 안 되는 사람들과,
어색하게 미소를 주고받으며 차에 앉았다.

승합차는 한 보트로 우리를 안내했고,

보트를 타고 바다 한복판의 간이 시설에 도착했다.
생각보다 매우 간소한 시설에 잠깐 불안했다.

첫 번째로 할 체험은 하늘을 나는 것이었다. 낙하산 같은 거대한 걸
달고.

안전벨트를 대충 몸에 묶고, 낭떠러지를 향해 달렸다. 보트가 당기
는 힘에 따라 하늘을 향해 날아올랐다.
보트가 나를 끌어당겼고, 하늘로 높이 솟구쳤다.
짜릿한 기분에 함성을 질렀지만,
그 환호도 잠시였다.

겁 많은 나는 발이 땅에 닿지 않는 아찔함에 즐겼는지 아니면 얼른
내려 달라고 아우성이었는지 지금은 기억나지 않는다.

이윽고 보트가 속도를 줄이며 나를 서서히 내렸다. 낙하산이 바람을

잃고 추락.

…그리고 그대로 바닷물에 퐁당 빠졌다.

친구와 나는 입안에 바닷물을 가득 물고 눈을 마주쳤다.

역시, 해상 스포츠의 마지막은 입수지. 예상대로의 친절한 서비스였다.

두 번째 체험은 '바닷속 걷기'였다.

말이 좋아 걷기지, 그냥 대형 어항을 머리에 쓰고 바다 밑바닥에 들어가는 체험이었다.

"안전장비는 없어요?"라는 질문에 직원은 태연히 고개를 저었다.

대신 입과 코를 막고 침을 삼켜 수압을 견디는 법을 알려 줬다.

그래서 바닷속으로 내려갔다.

어항을 뒤집어써서 공기층이 형성되어 숨 쉬는 것에는 문제가 없었다.

그 순간, 수압이 내 귓구멍을 마구 찔러 댔다.

세상에서 가장 긴 10분이었다.

눈앞엔 아무것도 안 보이고,

귓구멍에만 통증이 밀려왔다.

수압을 견디는 침 삼키기는 수백 번은 했을 거다.

우리는 바다 밑에 설치된 밧줄을 꼭 잡고 걸었다.

바닷속 산호나 열대어 같은 낭만적 장면은커녕,

그냥 귓구멍의 고통밖에 기억나지 않는다.

앞사람 뒤통수만 딱 보이는 시야.

친구의 표정을 보니, 상황이 같다는 걸 한눈에 알 수 있었다.

사람은 이리도 무력하다. 생태계 감상보다. 인간이 얼마나 약한지만 알았다.

뭐라도 알았으니 다행이겠지. 돈 내고 귀 아픈 경험을 샀다고 보면 된다.

겨우겨우 버티고 나와,

다음 코스인 섬으로 이동했다.

섬 해수욕장에 도착해 점심을 먹었다.

태국 현지 음식이라 기대했지만,

음식이 나온 순간 다시 한번 침묵이 흘렀다.

고수.

그 향기롭고 잔인한 풀잎이 모든 음식 위에 얹혀 있었다.

몇 숟가락 먹지도 못하고 수저를 내려놨다.

태국 대표 음식이라는 똠얌꿍은 기대에 미치지 못했다.

친구와 나는 눈빛으로 대화를 나눴다.

'이국적이네….'

그게 감상평의 끝이다.
그래도 다행히 몇몇 음식들은 먹을 만해서,
배는 간신히 채웠다.

배를 채웠으니 본격적으로 해수욕을 즐겼다.
바다에 뛰어들고 썬베드에 누워서 피부가 타는 걸 지켜봤다.
태국의 뜨거운 햇빛은 우리 피부 위에서,
삼겹살 굽는 불판처럼 열심히 일했다.

충분히 놀고 나서, 다시 배를 타고 호텔로 복귀했다.
숙소에 도착하자마자,
우리는 냉장고 문을 열어 맥주를 꺼냈다.

다시 테라스로 나와 바다를 보며,
맥주를 벌컥벌컥 마셨다.
맥주만이 타지에서 우리를 위로하는 구나.

귓구멍의 고통과 혀의 마비, 바닷물의 짠맛까지.
생각해 보면 우리가 태국에서 찾은 건,
낭만적인 여행보다는 약간의 고통 참기 담력 체험 같았다.

하지만 그런 게 여행 아니던가.

이상하게 고생스러웠던 기억들이 스쳐 갔다.
죽지 않았으면 된 거지.
나중에 보면 항상 제일 웃기고 행복한 추억이 된다.

테라스의 시원한 밤바람과 차가운 맥주 한 잔이,
하루의 고생을 완벽하게 씻어 주었다.

❖ 여행 5 ❖

뮬리아에서 썬크루즈로

"영아, 일어나라. 밥 먹으러 가자."

일찍 일어난 언니가 아침잠이 많은 나를 깨웠다. 벌써 새벽 산책까지 다녀온 모양이다. 침대에서 일어나 비틀거리면서 세수를 하고 옷을 입었다.

조식 먹으러 방을 나섰다. 동생 둘은 이미 밖에서 기다리고 있다. 거대한 열대식물과 조각예술품들이 또 우리를 반긴다. 기억에 남는 건 한쪽 벽면에 사람 얼굴이 상체까지 박혀 있는 조각상이다. 세 명의 얼굴은 제각각 다르고 우스꽝스러웠다. 그런 작품과 식물을 보면서 계단 한 개만 내려오면 된다.

오전 7시부터 조식을 먹을 수 있다. 서둘러서 내려갔는데도 몇몇 사람들이 이미 있었다. "굿모닝." 인사를 건네는 직원의 안내를 받으며 자리에 앉았다. 어제와 다른 자리. 다른 풍경을 볼 수 있었지만, 너무 안쪽이라 이런저런 사람들만 볼 수 있었다. 수영복 같은 옷을 입고 밥 먹으러 온 외국인. 전혀 남의 눈을 의식하지 않는 그들이 멋있었다. 어제와 조금 다른 메뉴들이 있었다. 숨어 있는 음식을 잘 찾아서 배를 채웠다. 오늘도 커피를 넉넉하게 마셨고 카페라테까지 챙겼다. 점점 더 많은 사람이 좌석을 채웠다. 우리는 그들을 뒤로하고 나왔다.

호텔 정원을 산책하면서 여기저기서 사진을 찍었다. 외부 화장실은 곳곳마다 있었지만, 소규모였다. 한곳에 다 들어갈 수가 없다. 수영장도 곳곳에 있다. 어린이들이 놀 수 있는 곳은 이미 가족들이 자리를 차지했다. 오늘은 자유여행이라 호텔 수영장에서 놀기로 했다. 장소도 미리 볼 겸 여기저기 돌아다녔다. 화장실 찾으러 간 막내가 카톡으로 사원 사진을 날렸다.

정원에도 규모가 큰 사원이 있는 모양인지, 검은 석상들이 있었다. 검은색을 한 악마 형상을 한 석상의 크기가 컸다. 탑도 몇 개 있었다. 다른 곳에 비해 그곳 정비가 잘되어 있는 것 같지 않았다. 음침한 기운에 빨리 나오고 싶었다. 그래도 합장해서 소원을 빌고 그곳을 나섰다. 숙소로 와서 빌려 온 래시가드를 입고 수영장으로 갈 준비를 했다.

산책할 때 봐 둔 자리로 가는데 직원들이 모여서 아침 모임 중이었다. 그들의 모임을 방해하지 않으려는 듯 막내는 못 가겠다고 한다. 나는 그냥 아무렇지 않은 듯 앞장서서 지나갔다. 언니와 동생들은 나를 따라왔다. 직원 모임을 이끄는 책임자인 듯한 사람이 나와 눈이 마주쳤다. 웃으면서 "굿모닝."을 건넸다. 다른 직원들도 함께 인사했다.

나무 그늘이 있는 자리는 우리가 있을 곳이 없었다. 햇볕이 바로 내려오는 곳에 위치한 썬베드 4개를 골랐다. 그러니 직원이 방실방실 웃으며 인사를 한다. "객실 번호가 어떻게 되세요?" 체크를 기분 나쁘지 않게 한다. "사진을 찍어 주겠다."라고 하는 친절까지 몸에 배어 있다.

언니와 나는 썬베드에 우아하게 누웠다. 물을 좋아하는 동생 둘은 바로 물속에 들어갔다. 난 커피가 마시고 싶어서 막내를 불렀다. 조식을 먹으면서 그렇게 커피를 마셨는데도. 물속에서 나오지 않던 동생이 힘들게 아이스아메리카노 한 잔을 들고 왔다. 나는 '후루룩' 마시면서 영화 속 한 장면처럼 썬베드에 누웠다.

주변을 살펴보니 살랑살랑 춤추는 야자수, 여성이 소중한 그릇을 들고 있는 대형 조각상이 엄마처럼 보인다. 쌀라쌀라 영어로 얘기하는 사람, 아기들의 웃음, 흐뭇하게 바라보는 부모. 세상 어느 나라에도 부모님의 눈빛은 같은 듯하다. 대형 조각상 엄마의 눈빛이랄까?

썬베드에 누워 있는 언니를 위해 동생이 대형 오리 튜브를 빌려 왔다. 언니는 그 위에 타고 동생 둘이 밀고 멀리까지 다녀온 모양이다.
"영아, 타라."

하는데 용기가 나지 않는다. 물 위에 동동 뜨는 게 무섭다. 그래도 물에 들어가고 싶은데. 큰 용기를 내서 물에 들어가 보니 물이 가슴까지 올라온다. 더 한 발을 못 내디디고 다시 썬베드로 후퇴했다. 언제나 즐기지 못하는 물놀이, 아쉽다.

중식은 여행사에서 호텔 안에 있는 식당으로 예약해 줬다. 시간을 맞춰서 그곳으로 갔다. 외부에서 보면 영업을 안 하는 것 같았다. 안으로 들어가니 직원이 반갑게 맞이해 줬다. 영어로 주문을 뭐로 할 건지 물어봤다. 메뉴판을 주면서 원 펄슨 쓰리 메뉴를 시키라고 했다. 우리는 각자 세 가지 메뉴를 정해서 시켰다. 주문받는 직원이 영어로 재빠르게 한 번 더 확인했다. 우리는 "우와!" 탄성이 나왔다. 조금 기다리니 한 가지씩 주문한 메뉴가 나왔다. 보기엔 예쁜 메뉴였으나 짜고, 밥은 날아다니는 요리였다. 그러고 한 가지 더 나온 요리는 또 뭐지? 치킨 요리가 2개였다. "이게 맞나?" 하면서 그냥 먹었다. 너무 많이 남아서 포장해 달라고 했다. 기다리는 데 오래 걸렸다.

계산하고 포장한 것을 들고 그곳을 나왔다. 썬크루즈에 가려면 2시간 정도 남아서 계획을 짰다. 주변을 걸으면서 커피숍 같은 데로 가자고 의논하고 숙소로 들어왔다. 나는 혼자 들뜬 마음이었다. '어떤 커피숍을 갈까? 호텔 커피숍도 괜찮은데.' 화장실에서 양치하고 나왔다. 언니가 동생 둘에게 연락을 받은 모양이었다. "몸이 안 좋아서 침대에서 쉰다."라고 했단다. 사실 막내가 감기 기운이 있었고 시험 보고 바로 여행 온 거라 컨디션이 안 좋긴 했다. 거기다 아침에 물놀이까지 했으니 몸이 더 안 좋은 모양이었다.

나는 아무 말 없이 책이랑 일기장을 챙겨서 로비로 나왔다. 언니한테, "나 갔다 올게."라고 간단히 얘기했다. 조식 먹는 장소 옆에 앉을 수 있는 비밀스러운 공간이 있었다. 물이 있는 그곳은 또 물소리까지 들린다. 내부인데 외부와 연결된 그 장소는 에어컨이 나오지 않는다. 일기를 쓰고 책 읽다가 더위를 느꼈다. 지나가는 직원은 매번 "헬로우."라고 인사를 했다. 눈이 마주치니 "굿." 하고 엄지손가락을 세워서 보여준다. 나 조금 괜찮은 사람이 된 것 같았다.

썬크루즈로 가기 위해 호텔 로비에 모였다. 갑자기 어떤 분이 다가와 말을 걸었다. "안녕하세요? 지금 한국으로 돌아가시는 거예요?" "아니요. 썬크루즈에 저녁 먹으려고요." 인도네시아 발리에서 정확한 한국어를 하시는 이분은 누구지? 한국에서 파견된 직원이라고 한다. 선글라스 꼭 챙기라는 말까지 해 준다. 햇볕이 너무 따가워 눈에 안 좋다고 해서 동생은 다시 숙소에 들어가서 선글라스를 챙겨 나왔다. 저녁이고 곧 밤이 될 것이라 선글라스는 필요 없을 것 같았는데. 다른 팀도 함께 가이드를 기다렸다. 곧 가이드가 왔는데, 전통 의상을 입지 않고 티셔츠에 청바지를 편하게 입고 왔다. 다른 사람인 줄.

승합차로 다리를 건너 좁은 골목길을 20분쯤 달렸을까? 주차장 같은 곳에 도착하려는데 큰 강아지, 작은 강아지들이 막 달려 나왔다. 발리에는 많은 강아지가 길가에 누워 있고 자유롭게 돌아다녔다. 얼굴엔 웃음을 매단 채. 우리에게 그냥 달려오지는 않았지만, 그들이 삶이 궁금했다.

썬크루즈에 승선하기 위해 조금 기다렸다. 노란색 대형 선박에 타라고 한다. '우리를 태워서 어디까지 가는 것인지?' 궁금했다. 드디어 배가 출발했다. 타자마자 3층으로 올라갔는데, 간단한 주류를 파는 것처럼 보였다. 바로 옆자리 문신한 외국인이 끊임없이 담배를 피웠다. 다른 자리로 옮겨 앉았지만, 담배 연기는 날 따라왔다. 선박에서 해가 지는 것이 보였다. 신나는 음악이 흘러나왔다. 진행자가 함께 추고 싶은 사람 나오라고 했다. 간단한 스텝을 반복해서 하는 것 보니 라인댄스인 줄…. 바람도 너무 많이 불었다. 그냥 앉아 있었다.

가이드가 1층에 가서 밥을 먹자고 했다. 우리는 1층으로 내려갔다. 접시 하나를 들고 음식을 봤다. '뭘 먹지?' 우리는 눈빛으로 대화를 했다. 야채와 하이라이스처럼 생긴 것을 접시에 담았다. 자리에 앉았는데 가수가 노래를 불렀다. 팝송이었는데 매우 신이 났다. 손을 흔들면서 매우 좋아해 줬다. 그 반응에 노래 부르는 직원은 "한국 노래 부를 사람?"을 찾았다. 내가 "무슨 노래 부를 거냐?"라고 물었다. 노래 제목은 〈사랑해〉라고 한다. 용감하게 일어나서 마이크를 받았다. 무대에 많이 서 봐서 그런지 떨리지 않았다. 예전에는 좌석에서 손뼉만 치고 있었다. '여기서 내가 노래를 부를 줄이야…. 많이 변했는데.' 그리고 신이 났다.

그 후로도 계속 같은 진행자가 영어로, 한국어로 마술쇼도 했다. 사람들의 참여를 권유했다. 무용수의 발리 전통 춤도 구경했다. 박수는 쳤지만, 매우 무료했다. 다른 팀 언니가 갑자기 배에서 나가자고 했다. 내려야 되는 줄 알았다. 그래서 뒤쪽으로 갔지만, 아직 항구에 도착하지 않았다. 그때 들리는 케이팝 "아파트 아파트…." 좌석에서 엉덩이를 들썩이면서 동생과 함께 즐거워했다. 직원이 와서 무대에 나가서 춤 추지 않겠냐며 권유했다. 동생은 안 나가겠다고 해서 나 혼자 무대로 나갔다. 진행자와 무용수가 가득 찬 무대에서 반복된 스텝을 밟으며 몸을 움직였다. 얼마간 음악에 맞춰서 춤을 추기도 했다. 물 위에 둥둥 떠 있는 몇 시간 동안 최대한 행복하게 보내려고 최선을 다했다. '너무 멋진 저녁과 공연, 노을을 기대한 것이 아닐까?'

숙소로 돌아온 우리는 점심때 식당에서 포장해 온 것을 열었다. 아주 양이 많았던 치킨은 한 주먹 정도 남아 있었다. "왜 그럴까?" 추측하면서 서로를 쳐다보면서 웃었다. 남아 있던 맥주와 컵라면을 먹었다.

내일은 한국으로 떠나는 날이다. 인도네시아 발리 뮬리아! 썬크루즈! 안녕.

랍스터는 무슨 맛살이나 먹자

파타야에서의 마지막 밤이 마무리되었다.

햇살은 맑았고, 택시는 방콕을 향해 달렸다.

여행의 끝이 다가오자 슬쩍 아쉬움이 밀려왔지만, 동시에 새로운 도시에서 뭔가 '대단한 식도락'을 하고 싶은 욕심도 고개를 들었다.

일정은 크게 없었고. 그냥 흘러가는 대로 정했다.

우리는 결심했다. 가격이 싸다니까. "태국의 랍스터를 먹자."

생각보다 거창한 결심이었다.

왜냐하면, 그 결심을 실행하기 위해 한낮의 방콕, 그 살을 녹이는 듯한 더위 속에서,

우리는 수산시장을 두 시간 동안 돌아다녔기 때문이다.

열심히 구글지도를 보며, '여기 랍스터 있다더라'는 후기를 따라갔다.

있긴 있다. 하지만 랍스터는 없다. 너무 일찍 온 건지 문 닫은 곳도 많았고,

있다 해도, 우리가 원한 비주얼의 '왕랍스터'는 없었다.

조금 시무룩한 채 물에 잠겨 있거나, '이거 먹어도 되는 건가?' 싶은 표정의 생물들이 있었다.

결국 배고픔에 지친 우리가 찾아낸 것은…,

나는 카레볶음밥, 친구는 팟타이였다.

랍스터의 자리는 커다란 접시 위의 계란 지단과 고수로 대체되었다.

그 순간엔 아쉬웠지만, 식당 안을 둘러보니 전부 현지인들뿐이었다.

너무 로컬이라 영어 메뉴도 없었고, 주문도 손가락으로 그림 찍기 방식이었다.

하지만 그만큼 진짜 태국의 냄새와 맛을 느낄 수 있었다.

'고수는 다 걸어 냈지만, 여행 온 맛은 있다.'

아무도 우리에게 말을 걸지 않았지만, 그 웅성한 낯선 타국의 분위기가 묘하게 편했다.

밥을 먹고 나선 갑자기 '우리 지하철도 타볼까?'라는,

한국 사람 특유의 도시 비교 본능이 발동했다.

한강의 기적에 이길 수 있을지? 그런 국뽕 비교 말이다.

지하철을 타는 순간, 에어컨에 감사하며 숨을 돌렸다.

지하철 안은 깨끗했고, 사람들은 조용했다.

'오, 이거 의외로 쾌적하잖아? 독특한 향이 나는 것도 같고?'라는 생각도 들었지만,

역에서 나오자마자 우리는 찜질방으로 바로 온 줄 알았다.

밖은 진짜 더웠다.

기온? 모름. 그냥 덥다.

"햇볕이랑 UFC 하는 느낌"이라는 친구의 말에

나는 고개를 끄덕이며 땀을 닦았다.

방콕 시내는 바쁘게 돌아가고 있었다.

거리엔 오토바이가 사람보다 많아 보였고,

무단횡단을 하면 인생도 같이 건너야 할 것 같았다.

길가에 늘어선 노점과, 갑자기 나타나는 번쩍번쩍한 백화점.

어디선가 풍겨 오는 고수의 향기와 알 수 없는 튀김 냄새.

땀에 젖은 티셔츠는 불쾌했지만,

그 와중에 뭔가 이국적이고 이상하게 짜릿한 기분이 들었다.

파타야는 '외국인 전용 놀이터' 같았다면,

방콕은 '이게 진짜 태국이구나' 싶었다.

누가 봐도 낯선 도시인데,

그 낯섦이 이제 익숙하게 느껴졌다.

여행지의 끝에선 언제나 그렇다.

물론 현실은,

랍스터 대신 카레볶음밥 먹고,

선크림은 쿨하게 패스,

고개 들면 오토바이와 눈 마주치고,
백화점과 대형마트 안에서 도망치듯 에어컨 바람을 쐰 하루.

그런 하루가 이상하게 좋았다.

가끔 여행이란 건,
거창한 계획이 아니라,
그냥 '어쩌다 보니 그렇게 된 하루'가
제일 기억에 남는 것 같다.

그리고 우리 여행의 태국 넷째 날은
딱 그랬다.
더웠고, 헛걸음이었고, 적당히 맛있었고,
랍스터는 없었지만 마음은 추억의 속살로 꽉 찼던 하루다.

작가의 말

영원 작가

2025년 책방묘미에서 아무거나 글쓰기에 도전했다. 매주 다른 주제를 적었다.

끝이 나지 않는 줄 알았다. 5개월간 매주 만나서 적는 것이 대단했다. 시간을 내서 참석하는 것도 힘들었지만 하루도 빠지지 않았다. 처음 글 적을 때는 글감을 생각하면서 그냥 적었다. 참가자들끼리 서로 읽으면서 소감을 나눴다. 그렇게 쌓인 글이 출판된다고 하니 다시 퇴고의 시간을 가져야 했다. 처음 적은 글을 다시금 읽으니 괜찮은 글도 있었지만, 대다수 글은 다시 적어야 했다. 하나씩 퇴고해서 마무리했다. 포기하지 않고 출판을 하게 되어 좋은 경험이 하나 더 추가되었다. 책방묘미 관계자에게 감사의 인사를 보낸다.

파랑이파리 작가

책을 낸다고 하면 다들 묻습니다. "와, 얼마나 오래 준비했어요?" 저는 대답합니다. "하루요. 오늘 쓰고, 내일 고치고… 그걸 여러 번 했거든요."

이 책은 거창한 계획에서 태어나지 않았습니다. 그냥 아무 말이나 쓰고, 내일의 나에게 퇴고를 떠넘기다 보니 어느새 두툼해져 버린 노트 한 권이 책으로 변했을 뿐입니다. 그래서 이 책엔 미완의 흔적도 있고, 조금은 부끄러운 낙서 같은 글도 있습니다. 하지만 솔직히 말하자면, 그런 글조차도 책이 되고 나니 꽤 그럴듯해 보이더라고요. 이 책은 '잘 쓴 글'이라기보다는 '끝까지 모은 글'의 결과물입니다. 작은 글을 쌓아 올렸다는 뿌듯함, 그리고 한 줄 쓰고 괜히 자랑하고 싶었던 마음. 그게 이 책의 전부이자, 자랑입니다. 부디 이 글들을 읽으시며, "나도 오늘 한 줄 써볼까?"하는 생각이 스치길 바랍니다. 그 한 줄이 언젠가 여러분의 책이 될지도 모르니까요.